Synnin palveluksessa

MATTIJUHANI KOPONEN

SYNNIN PALVELUKSESSA

RUNOJA VUOSILTA 1972–1999

KUKKIVA OMENAPUU

© 2019 Koponen, Mattijuhani

Kustantaja: BoD – Books on Demand, Helsinki, Suomi

Valmistaja: BoD – Books on Demand, Norderstedt, Saksa

ISBN: 978-952-801-8339

Kansi: Sami Liuhto

Kannen kuva: Seppo Hilpo

Kukkiva Omenapuu, Helsinki

BEETLEHEMIN TÄHTI

(1972)

SISYFOS

Matkalla kaupunkiin Skandaalin vaunuissa kuolleen lihaa,
nekrofiilejä kulkeutuu mahoon lehmään; kaupungin porteilla
kerätään veroa köyhiltä köyhiltä talonpojilta, pellot pakettiin;
minä pyyhin niskastani Puolan kaivosten hikeä ja pölyä,
ilma on paksu monikerroksisen puheen jaloissa, korvanlehti rapisee
erotan metafyysistä räkätystä, muuan koiranleuka huuli pitkänä
uskontunnustuksia: »... ja pienenä minulle ilmestyi tulipallo
on tapahtunut synteettisesti, joku kutsui nimeäni, otsaani
taottiin Kainin merkki, minulla oli korkea kuume»;
kansakunta on raskaana käsiä jotka tunkeutuvat ihmisten
asuntoihin, näin oppii syntyneensä, miten, väärään aikaan
pöyhkeään maailmaan;
Sisyfos työntää torille rattaitaan, raskas
kivinen pyörä pyörii, hän sieppaa hetken maailman virtaa,
lentää lävitse kun ei omaa yhtään ajatusta, armoton
keskittyminen, jota kaikki kirjoitus edellyttää; kysyä
tietynlaista hulluutta, vihaa ja raivoa, tietynlaista murhaa;
kasvojesi lumoava kauneus, sen muistaa kun lennän
pois ystävieni maailmasta, pois, se on
merien selittäjistä, valelaivoilla purjehtijoista,
ja putoan yli reelingin kohti Sinua joka olet makeinta lihaa,
ilmakuoppaan, niin, tarvitsen lepoa nyt, hetkeä ennen
kuin tuuli kääntyy ja minun on palattava, että voisin olla valmis
sitten: ja minut kirottiin, jouduin muurien sisälle
vahtimaan järkäleitä, nyt työnnän kiviä kahtaalle, vallan
palaneilta rajoilta jyrään rataani auringon ympäri, täällä
ei ole muita jumalia, jokunen kurja ihminen seuranani,
yhdeksän pientä kuuta; se oli sota-aikaa, Jatkosotaa, nyt

minulla ei ole omaa tahtoa, en tiedä mihin mennä,
annettu tehtävä tuo ja vie, maailma vastassa on pimea,
Isän nyrkki jyrähtää, hän vetää suuria linjoja, minulle
on jätetty kukkuloiden tasoittelu, tasapäitä meistä
pitää tulla, sillä paljon jakamatonta vapautta
vielä puuttumassa, on palamattomia siltoja, moni joki
vailla jännitettyä kaarta jota pitkin voi astua yli
tyhjyyttä kohti;
Amerikan Pojat paranoidiset
unet silmillä kulkevat valossa, tajunta on tunkeutunut tänne
näkemättä sitä mikä on, totta: lipun varjoissa tähdet ja vankilat,
kukat aukeavat ristiksi, köynnös
jota mielen syöpäkudos kasvaa etsien ulospääsyä,
yö tulee, soitetaan musiikkia pojat, mitä vielä voidaan,
nyt kaivetaan esiin vanhat japanilaiset lyömäsoittimet, The Old
Pearl Harbour Sound; Mishima hakkaa tyhjää päätä kaltereihin,
ääntä lähtee, kauneus on ammennettu loppuun, distingeerattu
soitinten koko sukupolvi orkesteri takoo ääntä,
turhaan hakkaat päätä seinään, hakkaat, päätä,
nyrkkiä, hakkaat verta samuraimiekallasi, rautaa,
korvieni labyrintit johtavat tyhjää, meteliä pyörii
sisään, pääni on kaikukammio, kundit helvetti kaatakaa:
Jouluyönä Jupiter, Venus ja Mars pitivät neuvoa,
minä tapoin näyttämöllä sian, Beetlehemin kedoille
oli kokoontunut Uusia Paimenia joilla oli paljon
arabialaista karjaa ja Lännen Cowboy'tten Saappaat;
Kuuden Päivän Rodeo,
hyökätään ja puolustetaan, näin tuo inhimillinen
kovin suosittu harrastus, vetää esille kysymyksen
eksistenssi olemisen tuskaisassa harhassa, totuus
joka ei pala; mitä kyynikot nauraa, enhän edes harhaile
kuten Odysseus, tuskin kuselle ehtii;
kun käännyn selin ja näen maailman kirjotun sivun, tänne

on yritetty rakentaa kulttuuria, ei se pysy, ottaa jalat
alleen, ja olen The Mind Kissa, joka valvoo kuuta silmät kiinni,
niin, on varjo valon yötä ja unta, niin,
räjähtää tietoisuuteen valo kahden pimeyden välissä,
syntyy lapsi maailmaan,
Äitini rinnat tihkuu verta, miten,
erivärisiä lapsia syli täynnä, näinkö
runoissa voi valehdella kun on turvattu Isänmaa
missä kukaan ei puhu totta: rottia,
raukkoja rajoilla juoksee,
laiva palaa, soi neljä kukkopilliä,
pimeän parlamentin pöydällä runkkaavia kynttilöitä,
varjoon lentää savinen ääni ja kivettyy muuriin
Presidentin tuhka; Sisyfos herää,
hän ei näe enää unta, aamu on muovia,
kulissien lakkaamaton kuvitelma, unten virta kohisee
laivan panssari halkaisee jäistä avaruutta;
vapaana lentävän linnun laulu
jota en saa itsestäni irti kun raivaan esteitä,
kun pyrin perille, pois, niin, mihin en pääse,
matkaan, matkaan, työnnän kivisiä rattaita,
graniittisydäntä raahaan varjojen laaksosta:
Sisyfos, oi
hän ottaa Synnyinmaan vahvoille harteilleen
ja nostaa kevyesti ylitse vuorten, huippujen tuolle puolen,
hän katoaa kuin sumu niin vähin äänin ja varpain,
ja nousee uusi aamu auringon punaama varhain.

KIIRASTULI

Valkoisen miehen alamäki
on varma;
lujaa mennään,
dropataan out ja in,
oikeastaan
minä en enää ole
tätä rotua.

ALENNUSMYYNTI

MYYTÄVÄNÄ: TAITEILIJAN JALKA
ostakaa taiteilijan jalka
aito ja känsäinen:
kengät eivät ole näitä jalkoja vaivanneet
eivät sukat tai nukkamatot
ostakaa jalka joka on kadulle tuttu
paskan kanssa sinut ja veli virtsan kanssa
ostakaa jalka joka on käännetty ovilta
sininen ja punainen jalka
paleltunut ja palanut
ostakaa nälkään kuollut jalka
kuihtunut ja luinen:
AITO TAITEILIJAN JALKA
ostakaa se nyt ja maksakaa vaikka vähän
sillä minä haluaisin vihdoinkin uuden pensselin
ja söisinkin minä vähän eikä minulla ole rahaa
ainoastaan tämä jalka!
OSTAKAA NYT VIIMEINEN TAITEILIJAN JALKA
ostakaa ja maksakaa käteisellä.

ALLEN GINSBERG, AMERIKKA

Minä poltan sinun marijuanasavukettasi,
minä poltan
piittaamatta mitä siitä sanoo keskiluokka.
HEI ALLEN! Sinä olet Amerikan hyvä poika!
Silmissäni laiha vartalosi, sinun,
sinä joka pesit itseäsi Gangesissa,
sen ainoan kerran
kun pesit itseäsi. HEI ALLEN!
minä rakastan sinun laihoja varpaitasi,
niitä jotka raapivat
avaruutta
raapivat ja tonkivat
tätä paskaa mitä ne meille syöttää,
minä en viihdy,
ALLEN KUULE, minä tahtoisin
homostella kanssasi, minä,
Suomen hyvä poika; minulla on
valkopartainen rakastettu,
mutta siitä joskus toiste ALLEN, sinua
minä tahtoisin rakastella,
tuuheaa munapartaasi
kuule nyt minua joka en usein puhu paljoa,
ruvetaan naimaan, oikealle ja vasemmalle, naimaan
toisiamme, kaikkia, HOMO-ALLEN & HOMO-MATTI.
Ja kun tulet käymään tuo lisää
niitä marijuanasavukkeita,
ne vaikuttaa,
virtaa maailma lävitseni, ilmapallojen leija,

ja kun tulet, Allen,
heitetään multaa
tämän yhteiskunnan silmille
jossa on paha nukkua,
kun on vaikea kirjoittaa ja vaikea puhua
ja kun on sana sanat
ja kun on ja kun ei ole
kun ja kun
oleminen ja oleminen
kun olen poissa ja olen
KUN ja KUN ja KUN
alkaa raivostuttaa tämä rajallinen ja järjestäytynyt
liha maailma
en pääse sinuun
eroonkaan en pääse
tässä olen: ampukaa

TIMOTHY LEARY, USA

»Dear Timothy»
»Raukka se joka painaa jarrua»
P. A. Kejonen

1
Minä olen ottanut sinun anarkistipastillejasi,
ja otan,
piittaamatta siitä mitä sanoo eliittiluokka,
minuutensa kollegoilleen menettäneet
paskanärhet,
ja lääkärit tämän sinä,
joka asut väreissä ja musiikissa ja talosi leijuu
kosmoksessa,
tiedät sieltä
jo entuudestaan.

2
Elämä täällä on alkanut
amerikkalaistua; kuljen laidalla,
ja ystäväni puu täällä, LEO, sanoi
»Kaivopuistossa pitkä laine löi vasten
rantamuurin kylkeä»,
ja nyt kun yhä laajemmin lakataan olemasta huolestuneita,
pilven veikkojen & muitten
sosiaalisten henkipattojen
ajatukset
kootaan, ja kun täällä nyt niin kuin aikaisemmin,

kai Allenilta kuulit,
on yhä paha nukkua:
valveunet & sininen päällystakki
poliisi.

3

Minunkin anarkiani, yksityiset teot ja
ajattelu,
kasvavat siitä mikä on
rikollista, ja hiukset ohessa kasvavat,
olemaan vailla sukupuolta,
vailla keksittyjä sosiaalisia eleitä;
yksityisinä kuriositeetteina,
kasvamaan uuteen, koettuun
ja opittuun, ja marraskuulaiset, (kun)
kasvavat asiaansa,
asiansa veroisiksi,
en vaadi muuta
kuin olla laiton & luistella kuvioni loppuun.

6.12.1967

KESKUSTELUJA ZAPPAN KANSSA

Frank: Nyt polkee mun jalka lattiaan
ja päähän veri syöksee:
ei jumalauta, ei, ei
oo Läntt' mik mun ajattoman
ajattoman mun ja kahleettoman mielen
sais uusiin kahleisiin; eik'oo rauhaa Lännes,
maailmass' ei, vaan muovikallot tyhjää jauhaa:
siks huudan, pauhaan, kun on aika ummes, pysähtynyt,
se jäänyt on tainnoksiin eik pois tahdo päästä:
PLASTIC PEOPLE! PLASTIC PEOPLE!
mä tahdo en, en tahdo olla
huorana Järjestelmän: EI!
Pois loikkaan ja loikannut jo olen,
vaan pakene en: päin, päin päästän läpi ajan
ajattoman suuren pierun, savun valtaisan,
ja repee perse puoleta Länttä, tanttein hame ratkee,
kun Äiti mun sen läpipaistavan vittuns,
sen Suzien mahtavaan mut sisään ottaa taas,
taas ja jälleen synnyttää.
Minä: Ah, sä hurja, sä Zappali,
mik onkaan sun mieles niin riivannut,
ettet kestää enää voi,
kun tuntuu ihan niin, ett sun sielus halkee,
ja mulkin niin on pakahtua vihast' mieli.
Frank: Ken oot sä kun siinä kysyt,
mist sä tuut?
Minä: Sielthän mä, samasta paikast,
kust jo konsanaan mun vaarin,

sun isosetäs ja kaikki kummit
tulleet on: sielt juuri.
Frank: Ai sielt. No jo on kumma! ihme!
Minä: No se, juuri.
Ja me synnytämme myös, ja se on suuri!
Frank: Oi, kalvas nyt on rusosuu,
min hehkuun suukot painoin!
Minä: Mik' valo sust loistaa, kun ihan
runoks oot sä muuttunut, ikilihast soinnukkaast?
Frank: Se on tuo lampun valo; yön kynttilät jo sammuu
virkku päivä sumuisten vuorten huipuille käy varpain.
Mut mikä on laulu tuo?
Minä: Se leivo, aamun airut on: mä pilves oon jo aivan
ja trippaan rajusti: katso, kateet juomut
idässä päärmää hajaantuvat pilvet.
Liekö tulossa uusi Connection?
Frank: Jo kohtaa katse mun
kauas lähelle kohtaa
ja tuo täällä on tätä
ja siellä se
mikä missä on
ja tullut tänne.
Minä: Mitä mietit sä?
Ah niin, sun lausuntos ja laulus soinnukaat:
sä tuuthan Zachris teatroon
ilveilijäks! Tuuthan sä?
Sä narriks jo puol maailmaa oot tehnyt
ja toiset puol viel tehdä pitää!
Vaikk' sidoksis niin oot Länteen
sä tuuthan mukaan ilveilyyn!
Frank: Niin, miks en tulis miks?
Mut Ed mukaan ottaa pitää.
Minä: Ed? No mikäs siinä – pois joutuin vaan;

se tahtoo tiemmä jumalaa kepittää!
Frank: Ois aikeet sill niin kepittää perseeseen.
Minä: Ed tekee vaikka minkä työn!
Frank: Siis mukaan vaan ja pannaan ilot pystyyn.
Ens töikseen haetaan pommit kätköist
ja piippu haetaan ja ruiskut
ja haetaan myös Murha ja Viha töihin!
Minä: Niin, ehkä tätä tahtoneet emme, mutt'
meidät siihen pakotettiin!
Siis syyllisyyt tunne emme,
kun käymme taisteluun;
puolest omaimme ja puolest ihmisen,
uuden maailman ja vapauden.
Kaikki mukaan; Järjestelmä kaatuu!
Frank: Se kaatuu nyt se kaatuu
ja kasvoilt naamiot ne pois irtaantuu;
kaukaa valo loistaa, ääni täyttää avaruuden,
ja kosmos sykkii todellisuuden uuden.

THE INTERNATIONAL ORGAN N:O 99 1969

> The Rape of The Mind
> näinä aikoina
> ja kaikkina aikoina
> järjetön
> The Rape of The Mind

1

Minä, joka en usein puhu paljoa, minun
tekoni vertauksettomat
ovat,
niin puhun nyt minä oltuani hiljaa
täällä yhdentyvässä maailmassa
ja nousee yhteinen tajunta
jakaantuva, monitasoinen
tajuinen maailma.

Kun maailma on virrannut kohti sieluamme
meistä pois likipitäen
ja edestakaisin
niin kuin ne kolme hyvin treenattua
ihmisapinaa jotka kiersivät kuun
maaäidin amerikkalaiset pojat
Apollo VIII ja planeettojen yhteydet.

Ja sieluton ruumis maailma, kylmä, kova,
ja voisi olla sielukas maailman ruumis,

teoksi noussut liha
            soimaan.
Soi musiikki!
Ja minä, joka halusin rakastaa
ja uskoa hyvään,
minä pelkäsin niin,
että minä vihasin.

Mutta niin on, että
aika on vihata ja aika on rakastaa,
ja että ei ole mitään uutta auringon alla.
Nyt,
kun suomalaisista jälleen
kerran yritetään tehdä saksalaisia
        »ja ensin niille juotettiin olutta
        ja sitten niille annettiin liikennevaloilla kuria»
niin, että ne laumoissa
kaupunkikarsinoissaan,
liikehtivät ehtimiseen
apinat täällä & papukaijojen päivät
TV on auki
ja kun baareissa ympäröi äänimassa.

Ja yli päänsä ne puhuu
ehtimättä
ajattelematta
ylipäänsä ajattelematta yhtenään.

Meitä, joita on vähän, voi meitä!

2

Toveri Ministeri
vähäeleinen
palkkoja laskeva
sinä kaljuuntuva mies
nyt minä kysyn sinulta
eikö olisi tullut valtiolle paljon halvemmaksi
eikö olisi kaikki tapahtunut paremmin
eikö olisi ollut vähemmän surua ja vähemmän hammasten kiristelyä
vähemmän vihaa
kun sinä olisit uskonut minua
silloin kun puhelimessa
kai muistat
sanoin ME TARVITSEMME RAHAA JA JOS ME EI SAADA
TÄYTYY MEIDÄN MYYDÄ KAMAA
ja onhan sinulla se paperi
asiamme perustelu
suositus Salmenhaaralta
sinulle osoitettu

mitä minä sanoin

nyt
minä olen se puu
josta kaikki paha täällä versoo
minut on saatava kiinni!
Ja minä olen kuullut,
että minut aiotaan likvidoida.
Ehkä veli Poliisimestari minua varten on jo varannut onnettomuuden

Ehkä se on putkakuolema minkä huoltopoliisin komisario
minulle on asettanut:»liioiteltu hätävarjelu».
        Vai miten on selitettävissä ne alituiset varjottomat varjot,
        minua seuraavat kasvottomat hyeenat,
        jotka kiiluvin silmin kantakahviloissani juovat olutta
        ja tunkeutuvat päiväuniini.
Ja minä kun arvostan rauhaa, rakastan Marjaa.

Mutta minä en aio antaa hetkenkään lepoa,
sillä minä olen jumalallinen olento:
ihminen.
Tajuntakeskus.
Ja minä tulen voittamaan ne shakaalit ja käärmeet,
vaikka minun olisi muutettava Aleksi juoksuhaudaksi.
Niin kuin minä tulen voittamaan planeettojen alemmat inspiraatiot,
koska minulla on rohkeus fyysiseen suoritukseen
ja äly
sen voittamiseen
Ja lopullisesti
lopulta
vihkiytyvät planeetat minulle
vapauttaakseen minut.

3

Ja minä olen sotavanki, uskonsodan,
                ja poliittinen,
kun minut pidätetään: siis
mielipiteistäni minua vainotaan
ja vaadin asemani mukaista kohtelua;
oikeutta en vaadi, en vaadi mahdottomia, toki
                en mitään
mikä kävisi teille ylivoimaiseksi,
sillä ettehän te, niin kuin eivät teidän isännekään,
jotka lain kirjainta uskollisina toteuttivat,
                murhasivat,
ja seurasivat kohtaloa,
                tuota mieletöntä
kutsumusta,
– ja nyt haudataan Jan Palach, tšekkoslovakialainen.

Tiedä mitä he tekevät;
minä tiedän mitä minä teen, sillä minun on pakko!
Niin kuin on ihmisen, joka haluaa pysyä järjissä.
                Pakko!
Ja tämän edessä,
vedoten tähän,
ja kun väkivalta täällä yhä nousee ja kiristää
otetaan taantumus,
poliisiterrori,
arkipäivän fasismin nyrkiniskut naisen- ja äidinkasvoihin
ja alempien virkamiesten barbaarisuus
& groteskit tavat.

Herra Oikeuden Puheenjohtaja
RO:n VIII:lta osastolta, Teille
minä mitä vakavimmin suosittaisin anarkistipastilleja.
Ja myös Teille
yleinen syyttäjä, kaupunginviskaali,
samalta osastolta:

    iloista
    ja vapauttavaa,
    rentouttavaa kerta kaikkiaan.

Kun yhä leviää piittaamattomuus yhteisistä
asioista, niin, että tämä mieliala alkaa jo olla
yleinen
    »Kun tästä saatanan lammaslaumasta joku
    uskaltaa nostaa päätään
    nitistää pari vahtikoiraa.»
Eikä olisi ollut
sitäkään Pihtiputaan poliisintappajaista,
  mikä sinänsä oli isänmaallinen teko,
ellei sitä miestä jo vuosia
olisi pidelty pahoin
ja hakattu;
ellei häneltä olisi yritetty keriä
villoja.

Ja vaikka minä olen hetken,
joka kesti lumen yli,
ollut kourimatta piippuani,
tulen minä, pomminheittäjä,
ja minä räjäytän ne kaikki!
Sillä minä olen saanut pahan
kukkimaan.
Ja katso:

kauniisti kauniisti kukkii
paha!
Ja kun me oltiin tarpeeksi hävitty,
    tarpeeksi kärsitty tappioita,
  kun meitä oli raiskattu tarpeeksi useita,
        alkoi tappio hitaasti,
      mutta sitäkin varmemmin.
kääntyä voitoksi.

Löysimme tappion maailman!
Ja se on voitto.

4

Murskatkaa maailma!
Ja te olette Jumalan
Jumalassa.

5

Luopumisen rivit, kun hanki on kirkas, pää,
        pääni kireänä kahta maailmaa vasten.
Ja miten minun silmiini koskee, kun minä näen:
                ystävät
muuttuvat koiriksi, jotka kaluavat kalisevaa luuta:
        valtaa,   valtaa!
    Kun hirveä räksytys alkaa soida korvissa,
        tämän talon parvekkeella sininen lippu liehuu,
            ja tämän puheen, tämän puhun,
eikä minua todellisuudessa kiinnosta
        mihin se johtaa.
Ystävät, minä luovun, hitaasti, en kiinnostu,
        kiinaa puhu,
ja eivät ne näe mihin se johtaa,
        Sinulle,
äänettömän puolen mieltä pakahtuu laukaukseen!

Kaunis dityrambi & diagrammi, tämän muiston
haudalle.

Enkä minä edes peniksen vertaa anna tähän taisteluun.

Ja aurinko nousi valaisten sieluni ikkunat maailman siitteellä.

DEMOSTHENES

Kasper, Zirikli ja tuo Kommunisti;
maailma on hajonnut käsiimme, vanhojen miesten kutomat kuviot,
staattinen liike ja vastaliike; hämäys,
ja ne kiipeävät hiljalleen historian puuhun luopumalla
vallasta, muka, yksi toisensa perään omin
rituaalein, ja valta, joka on sitä
ennen tapahtuva hajoaminen, kertakaikkinen
rakennusten purku; tietämättään monet ovat
käsittämättömän viisaita
kasatessaan omaisuutta ja voivuoria
ne seitsemän lihavaa vuotta, sillä pian on tuleva
Pitkä Nälkä ja Syksy joka ei ole vuodenaika;
jatkuva eteneminen tuhon lakeudella ryömien
maan pilaantunutta kuorta, sähköiset viulut
soiden loikkivat heinäsirkkalaumat, tuhon hyönteiset
uhraamassa jumalilleen; Nälkä, Pelko ja ne pienemmät;
Tyhjä Vatsa, Kääntyneet Suolet, Liimautuneet & & &
ongelmat jotka ovat todelliset mutta joista ei puhuta;
joista kertoo paljon yhtäaikaista puhetta,
Järjetön Kasper, ja puhutaan ja hukataan aikaa
joutilaaseen poruun kun pitäisi tehdä työtä, nöyrästi
työtä ja kerätä suojaa pahan päivän varalle,
sillä maailman tilanne menee rikki;
oireellista päästää Snobit valtaan, Sinä siellä,
Pohjolan Unioni, olet oliivi kapitalistisen luokkayhteiskunnan
taiteen eliitin cocktailissa, destruktiivinen ja ajattelet
vain lukijasi parasta, mielihyvää, svengiä, Sinulla Jytää,
kapitalistinen luokkayhteiskunta Jytää,

pitkä lepattava suoli salonkien kommunistin haalarissa;
Ultra vivante ja largo, oi mikään ei maistu,
syöt maailman sivu pahaa, tällä ratkaiset ongelmasi
kun lakkaat ahmimasta vatsasi täydeltä surua,
ikävää ja yksinäisyyttä; sadat katkerat paistit ja
riistalihat katkeran viinisi kanssa katoavat kuin
paska multaan että se paremmin itäisi, näin
kiusaat itseäsi, päätä, vaivaat ajattelua, puhut,
kauniisti oi kauniisti Demosthenes kuuma peruna suussa
Idiootti Diiva, nussi, nussi,
rappion enkeli on istunut kaupungin katolle,
taudit leviävät kuin uhkaavat siivet,
koskaan en ole tuntenut tarvetta tuntea
tämän kaupungin kurjuutta syvällisesti, mitä ne antavat
huijata itseään, sillä syvyys on
pelkkä kuori jumalattoman tyhjyyden yllä, mainoslause,
kielen semantiikka, hajonnut muoto, pommi, attentaatti;
ainoa linja joka on oikea; kuokanisku,
hämäys; kuuma peruna on nyt kansan suussa joka on aina ollut
allegorisesti mykkää kahdella kielellä, kahden
maailman puristuksessa, omalaatuista kaasujohtoa
vedetään jo Uralilta tänne, kaasutetaan
paikallinen baabelin kielten sekaannus,
Kasper Valtaan, maakaasua, kanavia,
öljyisiä sorsia jäätyneenä kaupungin lahdella;
rantaan kasautuneena parvi laittomien
aborttien vääntyneitä sikiöitä, denaturistit
ja muut naturalistit kaatavat liekkiä rupisiin paiseenreikiin
ja naivat Isänmaan Puolesta tällä rintaman lohkolla
Mannerheimia; näin pysyy kansakunta ehyenä, pysyy
lämpö ja yhteys, irrationaaliset vibraatiot;
kosmoksen äidinlävestä marssii miljoona Oidipusta
sikoja paimentaen, suussa on helvetin maku;

tämä on kyynikon luoma kuva koko todellisuudesta
Garaudyn rannaton realismi Stalinin viiksien katveesta,
ja pluralismi, jota hallitaan ja piiskataan
Tammisesta Taivaasta saunan seitsemänneltä lauteelta
pää kiiltäen sarvia kun kivet palat ja satavat
tuhon enkelin hautoman munan rikki:
Kansalaiset, tämä kaikki tapahtuu;
minun laivani on uiva flyygeli jota soitan verisin sormin
verisen virran selkää seilaan saarien lomitse,
rantojen palaneilla kivillä raadeltujen suolten savua.

SUOMEN ODYSSEUS

Tuli Odysseus puuhevosellaan
ja valtasi kaupungin.
Mutta petos vastapuolen oli Odysseustakin
ovelampi, peräti nerokas
ja julma:
kaupunki oli väärä mikä vallattiin,
ja autio, tyhjä, tautien turmelema.
Jäi Odysseus miehineen loukkoon tyhjään kaupunkiin
kuin rottalauma,
autioon kaupunkiin jäi Odysseus
miehet jäi ja
elämä jätti.

KULLERVON KATHARSIS

Tämä on kertomus Veljestäni, puhetta
muutamista sivuavista tapahtumista tässä ajassa,
ja hänestä joka seilaa varjojen merta,
ehdoin tahdoin, voittaakseen
unien rantoja uhkaavan pelon sumun.

Monta vuorokautta valvoin kuuta
kun se nousi täyteen mittaan,
tuuli repi purjeita, etsin
varjojen hivenaineita hautojen yllä,
sinistä liekkiä, opastinta,
ja onhan käytössä paljon vanhoja sananlaskuja,
odottaessa sopivia;
ken leikkiin ryhtyy, ne ovat lopulta
kokemusta täynnä,
ja kun sattumoisin pääsi kitukasvuisten pensaitten yli,
kun tuokioksi irrottautui hybriksestä näkemään selvästi,
näki kaukana häämöttäviä puita,
latvat taivasta kohti rukoilemassa;
ja hän arkistoi kuvat surunauhaksi laivan kylkeen,
jälkipolville, näiden harjoittaessa yhtä
vanhoista ammateista, tutkien aikaisempia merkkejä,
kulkien äänettömissä, silmää puhuttelevissa ruuduissa,
ja kun tahto, mikä sai minut liikkeelle,
oli pelastaa hänet:
kuoleman metafora,
jäinen liekki sielussa, huutaa!
tahto nähdä sisintä ydintä,

tutkia atomi ja nähdä kauneutta,
kurkistaa todellisuuden taakse,
tai kuka sen tietää, ja kuka sanoo
miten on, onko mitään, ehkä?
hulluutta puhua näistä asioista ääneen,
parempi olisi ripustaa myllynkivi kaulaan,
pitäytyä puhumaan tiukasti ja yksinomaan
jokapäiväisistä, ja kaksikymmentä neljä kertaa
kaksikymmentä neljä
ja katseen on rekisteröitävä
viisisataa seitsemänkymmentä kuusi kuvaa
sekunnissa, siinä tarvitaan paljon
porkkanaa ja voita, voi
taivaan sineä isänmaani lipussa,
itätuuli pyyhkii havunneulasista lunta,
laitaisessa hän purjehtii kotia kohti
korttia pelaten; Veljeni on välistävetäjien kuningas,
sylkee ja kiroilee merimiesten kanssa,
vetää pataässän hihasta milloin sopii,
sillä toisten onnettomuudet tuottavat hänelle onnea,
ja hän puhuu yhä vakuuttavammin mitä enemmän laiva on harhassa,
helähtää tuulikannel, yhä isot kalat syövät pieniä kaloja,
miten yksinkertaisesti ja selvästi sanottu,
ja hän, nyt jo runoilijaksi korotettu, kuorii viitan
patsaalta ja heittää niskaansa Saksojen sumua,
se on uhkaus, mitä etsit Veljeni,
mitä äitisi haudasta kaivat häpyluiden välistä;
ja hän on tosi kova, ei piittaa, kylmäpäinen
ja hellä; murhaa ja valikoi,
itse luonto hänessä kärsii mitättömät,
hän ei siedä heikkoja, isien luut kumartuvat
hänen puoleensa ja pyytävät käydä perinteelliseen
päivällispöytään, turvaamaan rajoja,

ja hän hiihtää tervatuilla suksilla
valkoisia hankia pitkin;
pilvien levyjä, tuhkaa sataa,
sitä lentää Ruhrilta asti aina iglujen katoille,
jäävuori sulaa, alkaa mahtava paatos;
se tuhoaa joitakuita, ja syntymätön,
joka haudasta huutaa, hän kaluaa perinnettä,
kapaloita kääritään sinivuokkojen ympäriltä,
ja hän purjehtii pimeässä keräten kuviaan;
miten paljon, kun hän oli nuori ja toivoa täynnä,
miten paljon minä rakastinkaan häntä kun rakensimme laivaa,
suunnitellen pitkää matkaa
yksin tai harvojen ystävien kanssa,
ja nyt ne ovat totta, matkat arpia,
menetettyjä jäseniä, unohdettuja
ja luetteloimattomia tavaroita,
tuuli laulaa pimeässä, laine vaahtoaa,
laiva nukkuu unta saaren kätköissä, poukaman
suojassa vihollisilta (jotka ovat saartaneet kaupungin
yhdessä hallitsijan kanssa),
ja valittiin laivan kyljestä honkalauta
arkkuun, nyt sitä naulataan,
tuulispää todistaa puuseppien työtä,
ja tänne tulee mahtava sotilas vieraasta maasta,
portit on auki, puuhevostakaan ei tarvita,
kaikki on julkeaa hämäystä, hänet on kutsuttu
sinetöimään isänmaanpettureiden kohtalo,
ja kenraalin tarkastaessa joukkoja armahtaa hallitsija
ne jotka eivät tahdo tappaa perinteen hyväksi;
inho värisyttää omatoimisuuteen, ja
viha, nyt ne on sanottu, on
suuret juhlamenot ja seremoniamestarit omasta takaa,
täällä valmistutaan lapioimaan nummelle

kasa multaa, ja harjoitellaan puheitten pitämistä,
nyt joku noutamaan havuja joitten neuloissa
vielä hetki sitten tuuli soitti,
ja ne kääritään seppeleiksi,
nauhoja solmitaan, kuoro laulaa
Isänmaan hymnin, on elämä lyhyt, Veljeni,
ja tässä voisi mainita jotakin
lapsesta ja paidasta, ei se nyt kuitenkaan
sovi, sillä Isä on taas lähdössä
yhdelle monista matkoistaan, tällä kertaa
tapaamaan Paavia, mitähän ne suunnittelevat
Jumalahan täällä on jo kaadettu, no
ehkäpä ne tekee uutta, kuka tietää,
on salainen kokous, mukana olevat kertovat myöhemmin
mutta pappien puolelta ei naurua kuulunut,
ja yksi joka on heikoilla, ei pysty enää
tekemään lauluja, kuningasmielinen, tuo veltto narri
meni ja naitti sillä aikaa sisareni vieraaseen maahan,
sillä hän itse havittelee prinssiä ratokseen,
viedäkseen Juhliin ja kellareihin,
ja pelko tekee hänestä sokean, hän on pois pelistä,
joka on siinä armoton, ja totta kuten kertomus
että hämähäkki istuu parnassolla ja saksii,
hän on hullu kampaaja joka on ottanut
Apollon paikan, ja hän on sadisti tai hybriksessä
kun hän taktikoi, se on totta ja julmaa,
sillä täällä menestyvät vain ne jotka eivät kaihda
totuutta ja ovat vahvoja pettäessään;
nämä puolet ovat toisensa poissulkevia,
ja tulisi olla lihava takamus
että ylettyisi istumaan kahdella tuolilla,
ja kun onnistuu, asetetaan harteille mestarin takki,
kulunut, taikatemppujen paikkaama vanha nuttu

jolle on karissut peruukin puuteria,
ja ohimot laakeroidaan orjantappurapiikein;
puut eivät riitele itätuulen kanssa,
helpointa on kirjoittaa toisten tekstejä,
tuulen paimentajat piiskaavat näkymätönta,
olet harhassa Ikaros, nuoruutesi tähden se annetaan anteeksi,
parturi ajaa karvoissaan komealla lehmällä
valtakunnan laitaan missä portti on auki,
ja prinssi tulee, alkaa tuottava päiväunien kauppa,
kansa ahertaa lumeita silmillään,
aika on otollinen silmänkääntäjille, näin
Juhlat jatkuvat heikoilla jäillä;
useaan otteeseen matkan kestäessä mainitsin ääneen
kyllästymiseni totisiin huveihin ja haluni
palata maalle, puutarhani pariin
hoitamaan kukkia ja omenapuita, sillä
yksinkertainen elämä on minulle sopivaa,
ja miksi en saisi uneksia, nähdä sukuni rappion,
karrelle palaneita tähkiä, ja yhden
omituisimmista muodeista, joka tuo mieleen enkelit
kun vähäveriset tytöt laulavat kalpeita lauluja,
runouden takana ei ole yhtään mitään,
paitsi kaikki mitä ei ole,
Veljeni etsii kuolemaa,
hän kaipaa unien lähteille,
läpi ajan kalvon liikkumaan hurjassa tyhjyydessä,
ja asetun minä etsimään perheeni turvaksi työtä,
rakennan taloa, pohjoista maata
joka ei tahtoisi ansaita sitä, mikä häpeä,
ne näkevät sen myöhemmin
kun Veljeni löytää Tuonelan joen unisin purjein
ja nousee alajuoksulle saapuvan joutsenen selkään
kohoten paratiisin yksinäisyyteen,

vuoripurojen lähteille;
täällä vesi on raikasta, alati liikkeessä,
ilma on helppoa hengittää,
ja katseen avautuessa ei silmäluomia paina
kynnettyjen peltojen vakoihin heitetyt kivet,
ei kädet jotka nousevat maasta pusertuneina nyrkkiin,
tai kivääriin, ja korviin kantautuu
pumpulikentiltä levinnyt laulu, toivo on totta
ja elämä elettävissä, niin uhmassaan ylpeänä
on hän nöyrä
ja säälivänä, käy Veljeni
vaarasta kuivin jaloin, ja luvattu maa on alla
kun hän nousee, kuvat valaistut painuvat syvälle
tajuntaan, ja ohut seitti on enää muisto painajaisen
mikä heijastui purjeisiin; yö, pitkä ja musta
mikä jo kerran voitettu on,
on yhäkin voitettavissa, kun yhtä pitäen
näet saamme takaisin riistetyn ominaislaadun
ja perintö-osan jota elonkorjaaja sirppi vyössään
vei vaunuissaan kuoleman suudelmiin ja kalman
lempeän haistessa hampaitten luista.

PENELOPE

Minä ymmärrän viisasten kiven,
ja hänet, joka tätä koskettaa, minä ymmärrän.
Hän on viisas, hän vasta viisas on,
kun hän lakkaa olemasta: hän siirtyy

toiseen aikaan ajattomaan siirtyy tuskattomaan tilaan.

Yöllä unessa
rakastettuni nimen
etukirjaimet tulessa:

Unessa. Yöllä.

SYKSYYN PITKIN TUNTEMATTOMIA TEITÄ

Oi tuuli, valitat, valitat,
oksistoissa, sateessa ulvot, sateen

ja maailma, elämäni, ja
rakastettuni pimeästä, kun tulet

kun tulet, ja tulit niin, kävit valo,
valo, hiustesi hymyyn, aurinko hampasiin

kun lähellä, yöllä kun ja päivällä, minuun hengität,
lähellä, oi laulu, rakastettuni, ääni minun ja tuuli,

rakastettuni minussa, alituinen ikävä, rakastettuni,
nyt poissa, kohta täällä, lähellä, kun tulet, luonani

ja kun olet poissa, olit, olen poissa niin minäkin, poissa
juuriltani, sinusta, tuulessa yksin matkaan syksyyn.

KULTANI, PENELOPENI HYVÄSSÄ JA PAHASSA KSANTIPPANI

Kun nyt jo yö tulee ja saapuu tyhjä hetki
ja aamu saapuu jo
idästä valon päärmeet nousee
ja pitenee varjot ihollasi.

Käteni hamuaa suutasi, suuta, suun suudelmaa.

Kaunis olet, kun istut vasten iltaa
varjoisissa lehmustoissa.
Sinä se vasta kaunis olet!

Kun reittäsi levität houkutukseen
punaisen vekkihameesi alla
kieltäni kiellettyyn hedelmään ja kosteaan mehuun työnnän.

Oi rakas, paisteeni päivän,
autuas armahaiseni, korvalintuni,
kanaiseni, kainaloiseni!

Yöt peittää kuin lakanat meidät alleen!

Kasvojen paikalla pimeässä
hento liekki.
Vaihteleva.
Sininen ja punainen.
Minä muistan Sinut.

TALOSSA, MUURIEN SISÄLLÄ, PUUTARHASSA,
TALLISSA, TAI NÄISSÄ HUONEISSA

– Sinähän olet ateisti, hän oli sanonut, ja hänen kasvoillaan oli käväissyt huolestunut ilme, harvoin, tuskin missään vaiheessa ennen sitä, hän oli näyttänyt yhtä huolestuneelta, ja hän oli katsonut minua hetken vaiti ja jatkanut; – Ja sinä et . . . mutta hän ei sanonutkaan sitä, jätti sanomatta, ehkä ajatellen ettei se kannattaisi, ja hän oli kääntänyt katseensa muualle, antaen minulle näin tilaisuuden huojentua, ettei tarvitsisi kuunnella syytöksiä, asiahan oli kuitenkin selvä, sen hän tiesi, mutta jokin sai hänet aina inttämään sitä vas-taan, esittämään kysymyksiä jotka oli naamioitu syytöksiksi, ja kerran hän oli erään syytöksen aikana ikään kuin huomaamatta, vielä sivulauseessa, heittänyt: . . . ja homo! ja jatkanut sitten, katsoen alta kulmain, vaanien mahdollisia reaktioitani, odottaen, mutta silloinkaan siitä ei tullut mitään, minä en kerta kaikkiaan suostunut siihen, ja hän nousi tuo listaan, oikoi jäseniään ja sanoi Menen tästä makuulle, ja otti kirjan ja piipun pöydältä ja kääntyi minuun päin sanoen vielä Älä valvo liikaa, se ei ole hyväksi ter-veydellesi, ja ovelta hän vielä Hyvää yötä, ja minä olin jäänyt yksin hämä-rään huoneeseen, hänen tuolinsa, pehmeä, iso laiskanlinna tyhjänä, tupakka-pöydällä rasia tulitikkuja tai muita palamisjätteitä, neli jalkainen siro pöytä, ehkä rokokoota, mikäli minä näistä asioista mitään tiesin, samoin kuin mi-nun tuolini, kova, takapuoli puutuneena siinä sai istua ja kuunnella hänen, mutta nyt hän on nukkumassa, ehkä lukee vielä, polttaa piipullisen, kävelee makuuhuoneessaan, pudistaa päätään, lattialla pehmeä nukkamatto, samoin kuin täällä, jalkani lepäävät sillä, ikkunasta ei näe ulos, pimeää, ehkä syksy, tai ehkä hän on maalauttanut ikkunan mustaksi niin kuin kerran uhkasi, mutta nyt se on joka tapauksessa pimeänä, ovet visusti lukossa, korkea muuri ympäröi taloa, estäen pakoyritykset, salaten ulkomaailmalta, jos sel-laista enää olikaan, kaiken mitä talossa, muurien sisällä, puutarhassa, tal-lissa, tai näissä huoneissa, tapahtui, ja kerrankin, hänen oltuaan juuri rukoi-lemassa Jumalaansa, satuin astumaan siihen pieneen, alttarilla varustettuun huoneeseen, mikä oli hänen menojensa tai rituaaliensa pyhättö, kotitemppeli tai muu tähän tarkoitukseen sopivaksi katsottu, hän kimmastui ja sivalsi mi-nua ruoskalla kasvoihin, ajoi pois, ja kääntyi sitten taas, kumartui herransa puoleen, jatkoi toimitusta ikään kuin äskeinen ei olisi ollutkaan äskeinen, ikään kuin mitään ei olisi itse asiassa tapahtunut, vaikka minulla oli vielä posket kuumina, punaisina ruoskan jättämistä juovista, saman ruoskan, jota hevoset saivat maistaa iltapäivisin kun hän karautti johonkin ulkopuolelle, mutta siitä minä en saanut koskaan tietää mitään, ainoastaan sen mitä satuin ohimennen kuulemaan, tai näkemään silloin kun hän palatessaan toi muka-naan useita fasaaneja tai villihanhia tai kenties sorsia, mutta niistä hän ei puhunut syödessämme, hän minua vastapäätä, pitkän pöydän, mahonkisen tai tammisen, kuitenkin puisen, ääressä, kynttilöiden palaessa, peltivadeista tai pikareista, joissa oli vahvaa viiniä, sen hän kuitenkin salli, itse asiassa hän oli hyvinkin perso sille, nosti pikaria, maistoi ja maiskutteli, joi pitkiä siemauksia, hartaasti, vasen käsi rinnalla, oikea kohotettuna silmien tasalle, pidellen viinilasia, hän katsoi sitä tyytyväisyys kasvoilla, mutta se oli har-voin, useimmiten kuitenkin ilkeä, piikikäs, heitellen kiusaavia kysymyksiä, tarjoten moraaliaan, omaa epävarmuuttaan, se hänet lopulta kaatoi, sai hänet tarttumaan pistooliin, punnitsemaan sitä kädessään, hakemaan lipastosta panoksia, hän latasi aseensa huolella, kirjoitti lyhyen kirjeen, tiedonannon, ja nosti tussarin ohimolleen, mutta nyt hän nukkuu, talo on pimeänä, hiljaisuus yhtä voimakas kuin pimeys, ja minä istun kovalla tuolilla, se on ainoa mikä saa minut pysymään hereillä, jäseneni puutuvat, käsiä pistelee, en saa liikutetuksi niitä, tuskin sormiakaan, hän on sitonut minut hyvin, ja tuoli on naulattu lattiaan etten voi kaataa sitä ja mahdollisesti vapautua siitä, lattialla, kyljelläni tai seläl läni, sinakin voisin paremmin nukkua, mutta ei, tuoli ei hievahda, ja jalkani ovat sidotut tiukasti tuolin jalkoihin, rokokoota, se vaikuttaa merkillisen sirolta raskaassa huoneessa, raskaan kalustuksen keskellä, yksi ainoa rokokooesine, ja minä vielä sidottuna siihen; Älä valvo liikaa, se ei ole hyväksi terveydellesi, hän oli sanonut, se oli sinä yönä, ennen vapautumista, ennen helpottavaa muutosta, ennen tärkeää elettä, oikean käden etusormen pienta, mutta kuitenkin havaittavaa liikettä, ja talo jäi minulle, ja muurit ja puu tarha ja talli ja piestyt hevoset, kuusi satulaa, suitsia, valjaita, ja kaikki kirjanpidon ja luettelon osoittamat tavarat, koko omaisuus, rokokootuoli, temppeli ja iso laiskanlinna.

EI POLTA MAA

(1974)

I TIE

Se oli kivinen tie
  jo tähänkin asti.
Ei päätä näkyvissä:
  onnea, vielä voi matkustaa.
Ja jokainen kivi, poimittu,
    tallessa.
Nouse vahva rakennus!
Nyt vaan laastin hakuun.

Tie on Genius.
Ankara.
Epäoikeudenmukaisuus ei poistu.
Kauneutta Luodaan.

Mistä rumuus tulee?

Paras ajatus on tyhjin,
ja kun on tyhjä, voi
täyttyä lakkaamatta.

Ja aina on tyhjä.
Kuin astia
jota tyhjyys käyttää.

Siinä on paljon työtä, moni aikuinen
mies ja nainen, syö sitä tyhjää,
nainen mies aikuinen, ja
heillä elämä menee siihen.

Tyhjän ympärillä, tyhjän, tyhjää; se raskasta on.

Pysy Tiellä
jonka valitsit;
Tie valitsee sinut.

Se on muuttumaton ja nimetön
himoton, ja alati oleva; ovi
jonka Tie läpäisee,
tai Tielle.

Näin olet olemassa
ja salaisuudet on.
Sinä näet ne, puhumaton,

sinä ymmärrät viisasten kiven.

Kierrät paperin koneeseen,   53
elätät toivoa, hullukaan
ei voi kuvitella niin kuin sinä,
itsestään ei mikään liikahda;

rivi riviltä on edettävä
ja elämää pitkin.

II OLEN PYSÄHTYNYT TÄNNE

Sehän oli tarkoitus; miettimään.
Ei toki, olemaan levoton vaikka pinta peilityyni;
peili, tyyni kuvani kirkastuu juuri,
kun pysähdyin tänne, ja tuossa
on puu, puutarha, pieni vesi lirisee;
kokonaisuus on avoin, se on maailma, ja
                    sulkeutunut
yksityiskohtien rikkauden purinaksi,
jonka voi erottaa jos vain malttaa olla hiljaa ja
kuuntelee;
mikä, sekin, on toimintaa.
Ja liikettä.

Maailmassa joka on pysähtynyt liikkeeseen,
tänne minä, tämän ajan
pimeimpään aamuun.

Tänne minä, tänne, tänne,
maailman katveeseen puremaan maaäidin rintaa.

Syksy tuli, syksy;
kannettiin matot sisään.
Maa juo vettä.
Jokohan kaivoni täyttyy.

Nyt on aamu.
Lapsi nykii minua tukasta.
Viime yönä
kuun sirppi leikkasi
itsensä pimeään.

Siitä muistankin
olen olemassa, lapsi on
ja tempoo tukasta minua;

älä pysähdy: kuolet.

Vaikeinta on olla itsensä kanssa,   57
kirjoittamisen ulkopuolella
tai sisällä
mutta itsensä kanssa.

Kun sinä soisit
olisin sinussa.

Mutta ennen kuin
saavutanko sinut, ehdinkö
ennen kuin

Usein toivon ettei se
mistä puhun tulisi
tai olisi totta; toisinaan
en edes tiedä kun puhun.

Kuuntele.
Kuuntele kokonainen ääni.
Voit ymmärtää sen.

Tällä pohjalla seisot.
Ja tavoitat tuhat vuotta.

Saaret kasvaa esiin.
Järvi väreilee.

Taas on aamu, kuu tuhkaa.
Yksin odotan.

Sydän malttamaton: pysy rinnassa!

Viime yönä
moottoripyöräni kuin
heinäsirkka sahasi maisemaa.

Oli pimeää.
Kuvasi näkyi selvästi
huurteisissa laseissa.

Kuun sirppi
leikkasi pimeää.

Kuunsirppi, sinä, heinäsirkka
ja sukelsin.

Minun on niin hyvä olla
kun tiedän.

Nyt kun tiedän
olen malttamaton.

Jaksanko odottaa.

Aamu nousee.
Menen päiväksi pois.
Tuuli pyyhkii järveä esiin.

Tämä pikku menninkäinen tässä
tämä sirittävä sirkka
kiidättää minua, yö tai päivä
se kiidättää kuin kuolema;
elää pitää ehtiä paljon.

Ja kaikki tämä vaara
vain siksi että
asut kaukana.

Miten se on
käsitettävissä että
vaikka olen pelkkä astia
pelkkä kuori
on minun kuitenkin
jano.

Kun minä luulin
kun minä jo luulin.

Nyt loistaa kuu, kirkas;
en halua viiletä,
en tahdo lakata niin kuin
tämä ilta; en
yönä pois mennä.

Lämmitä minua, lämmitä:

tahdon lisääntyä sinussa nyt
kun on kuun aikaa vielä,

kun upotaan kuun viileyteen.

Yöpaitasi alla nyt
tahtoisin olla lähellä
ihosi hengitystä kuunnella
solujen kamppailua elämässä
ja kuolemassa.

Ja miettiä tämän kaiken merkitystä.
Nyt kun sitä jo mietin.

Yöpaitasi alla
tahtoisin nukkua valveilla
silmät auki
ja kuunnella kuun hengitystä
ihollasi.

En sano yötä päiväksi.
Odotan.
Yksin häntä odotan.
Kaikkien puolesta.
Vaikka he eivät tiedä.

Huomenna hän tulee.
Huomenna.

Ei niitä ole kuin muutama vasta.
Mutta mitä luvuista; kun
yksikin on jo paljon.

Sataa en saa sanotuksi,
ja tuhat ei ole tarpeeksi nyt

kun ajattelen sinua.
Ja tätä kaikkea mitä minussa tapahtuu.

Nyt tässä suren sitä että
on niin vähän
mitä osaan.

Aamun kaste ja huojuva heinä,
päivään korkeaan kuljet
paikaltasi liikahtamatta.

Sinua ylistän;

ja laulu nousi heti tältä istuimelta
ja puhkesi sokea silmäni täyteen valoon, näkyyn
jota olet todellisena kuin tämä päivä
joka alkoi sinussa ja on elettävissä;

joka hetki sinua odotan täällä.

III EI POLTA MAA, ET OLE YKSIN, ETÄÄLLÄ ET

   Vanalan vanhan kahvilan nurkassa
juukkipoksi jauhaa Helga neitiä kylvyssä;
hikiset työmiehet puree tupakkaa,
    haisee ja soi,
täällä on kylän parhaat munkkipossut,
ja rokkibändi, Liperin oma, niitten teenage girl
koristaa kukkaset kuluneen pöydän pintaa;
sinä olet tässä, tämä merkki ja minä tuo;
puukolla, lusikalla, avaimella raaputettu
muisto, eilisen eteinen
jossa puristivat toisiaan kuumina
kunnes hiiltyivät arkipäivän ikävään.
    Onko nyt toisin kun sanoit: arki
ainut jota voi elää,
ja pöytä kukkii, puukonsyömä,
tupakanpolttama, puinen;
tuuli joka soittaa sitä nuhruinen elämä.

Myö männää joroloihi, sanoo joku jota en tunne.
Täällä ne ei häpeä,
ja ne tanssiikin miehissä jos on tanssia,
ne ei häpeä, halaa ja tanssii, härkäparit, todella.

On kylmä, kahvilan sisälläkin luu vaatii
lämmintä lihaa; syksy
jota vaimo kotona kantaa sisään ja lapsi ulos:
vaahtera palaa! VAAHTERA PALAA
lehti liekehtii lapsen kämmenellä.
Vanalan tynnyriset uunit on ilman tulta,
ja minä, syttymässä tähän elämään
täällä, kaukana
ja niin lähellä kun itse todellisuuden mullasta kasvaa elämämme,
jo jokainen jonka kanssa puhun
todella puhuu; tuokin tiili
jonka sinä savesta poltit, on nyt
tämän talon muurissa
kelpaa siinä asua ja käydä;
ne pysäyttävät tiellä ja haastavat
kuin ihminen, joka niissä juurii ja syö;
ja suusta tupruaa höyry
kuin järvestä, joka satumaisena leijuu
mökkini vastarannan ruskaa kapaloiden.

Ja pelimannin viulu viruu nauraen rahilla
kun soittajalle valutetaan kunnantalon takana
                    tulista lientä: apteekin
pirtulla laimennettua pontikkaa.
Pirtua saadaan sairaan lehmän pesuun, pontikka
                    osataan omasta takaa.
Toiset ryystää tassilta kahvia puhvetissa, on tauko,
hikeä pyyhitään kun hetki sitten polkka lennätti.
Linja-autolasteittain tulee väkeä, laaja
                    kotikunta
valuu laidoilta keskelle kylää, parasta on päällä,
tukat suittu, hevoset harjattu, lehmät lypsetty,
paketoidut pellot pankkitilillä tallessa,
viereisellä sarakkeella maitotinki, nyt on vapaata,
on Volvot ja Mersut, ajetaan kovaa,
yhdennytään nopeassa maailmassa moniin kukkiin
kuin perhoset: Bingo!
          Ja itkee viulu, liha vasten lihaa hikoilee,
punaisin poskin mennään masurkkaa, näin
vanhat tavat kunniaan, selkä heinään päin.

          Lakanalla juoksee kuvia, unia joissa ratsastaa
ja paukkuu; kolmella markalla jatketta elämään,
se ei ole paljon, Käykee sissään vuan,
ja jostakin lakanan takaa rahisee ääni,
                    penkit narisee
kun harrasta väkeä istuu puutalossa vanerituoleilla,
ja joka komero homehtii muistoissa.

IV KEVÄT

Punatukkainen tyttö
      tanssi tiellä minua vastaan;
palava lintu jalkojen
          välissä.

Minä olin vesi.

Mitä tuosta jos tapetit seinilläsi
                    ovat tahraiset
        ja repeilevät:
ne ovat pitäneet katseissaan vuodet,
vuosien lämmön joita sinä
ja minä kannamme.
Älä siis murehdi sitä mikä on rikkautta;
                        jos läikkä kukkii
                        tai rasvatahra
kehystä se.
Ennen kuin.
Ja rakennus puretaan.

Nyt palaa sekin puu jota russakka puri.

Nyt on rauhallista.
Vaimo meni torille pojan kanssa
ostamaan kalaa.
Minä kokoilen näitä
kirjaimia, rakennan.
Tästä nyt tulee korkeintaan
sanojen korttitalo.
Mutta jos nyt olisi edes peliä,
onhan sekin elämää.
Ja lopulta kaikki hajoaa.

Pientä, pientä, pientä.
Ei edes keskikokoa.
Suurta vain unissa.

Katso, ihminen, maalaismaisemaa.
Vielä sitä on,
metsä puhuu;
siellä on kettu,
ja jäniksen pehmeät loikat.

Vielä tuulta puissa soittamassa.

Talvisessa kylässä
lintu valjastaa hevosen:
sen ainut leipä
on lämmin kakkara tiellä.

Yön selässä kaikki tähdet
niin kuin olisi iso kala,
jota ei tohdi perata.
Katsoo vaan sen suomukasta pintaa
ja ihmettelee;
niitä maailmoita!

Älä itke, lapsi;
        maailma on niin pimeä.
        Vähän valoa
        kuin löytäisi pullon pohjalta
                tilkan viiniä.

Vanhaa, hapanta.
        Etikkaa.
Mutta riittää
        herättämään.

Haluatko sinä niin kuin minä.
Halu on meissä, mutta mitä huolit.

Iltaa.
Saiskos hetken olla
teidän kanssanne olohuoneessa.
Pitäkää minua vaikka polvellanne
kun katsotte teeveetä.
Polvi pitää minusta.
Älkää te unohtako polvea.

Ystävä, istu seuraani.   85
Niin kuin päivän kiirein aika
olisi jo tehty.
Vietetään tämä hetki yhdessä.
Pajunvitsat huurussa,
auringon valo viipyy,
riisuttu koivu piirtää
itsensä esiin.

Vanha maatalouskone
kuuntelee kun villi heinä
kasvaa sen ylitse.
Talven se nukkuu
mutta myös kesän.
Ketä se unohtaa.
Sillä on pitkä matka.

Ihmissuhteet pitää olla kunnossa.
Ei tule runoista muuten mitään.
Runot kyllä ovat
mutta eivät tule puhumaan sinulle.

Lintu lensi silmästä sisään
ja sähkötti.
Tuntui munissa.

Tässä vanhassa puutalossa
oppii tuntemaan ihmiset
askelista.
Ja kun tyttö kopisee
pääni päällä
opin tuntemaan itseäni.
Minäkin, niin kuin soitin silloin.

Oppisinpa jo tyytymään vähempään
itsessäni.
Ulkoisesti ei tämän vähempää voisi:
talo hajoaa tuulessa minä hetkenä hyvänsä.
Vaimosta ja lapsista jo erossa.

Olin kuukauden pois täältä.
Sain tyttären, vanhenin vuoden
ja menetin isäni.
Kuka puhuikaan matkustamisesta
hyveenä?

Lähettäisitkö minulle ystävällisesti
runoni takaisin
hän kauniisti pyysi.
Hän ei tiennyt:
ei voi saada takaisin
elämää.
Ensi kesänä puissa on uudet kukat.

Alan käydä ikäisekseni, minäkin.
Vatsa reistailee.
Kaksi lasta sanoo isäksi.
Hengästyn.

Tänään
kun oikein vihdoin
saunassa nahkaani,
ei minussa enää teellä
ollut yhtään kapinaa.
Hurmaava kokemus: tasainen olo.
Vai olenko tulossa vanhaksi.

Eletty mikä eletty,
päivä päivästä.
Joka hetki
se valtaa lisää alaa.
Isän kuoltua melkein jo näin sen.
Jokainen hetki valmistautumista.

EUROOPPA, ODYSSEIA D-JUNASSA

(1991)

Parempi elää
tahdossaan vapaana
köyhyydessä
ja kiven kolossakin
kuin tahto sidottuna
vaikka rikkaudessa
ja rahoissa kylpien.

I PALUUTA EI OLE

MATKALLA

Avioliitto oli hänelle vahinko.

"Käärmeensikiöstä et voi tehdä Madonnaa.
Käärme tosin luo
                        nahkansa, mutta
luonnolleen sekään ei voi mitään".

– Olen kurjistanut jo liian monen elämää.
Nyt kurjistan enää omaani:
en suostu kuin kuolemaan
ellen saa elää kuten tahdon:
kirjoittaa, soittaa, maalata.
Ajatellen, ilman pakkoa.

Kymmenen vuotta elin karkotettuna.
Nyt sanon: "Saa riittää!"

Olen tiellä jolta ei ole paluuta.

Nouse. Nouse joka kerta!
Paluuta ei ole.
Jatka matkaa. Kohti valoa: kirkkautta!

En pyydä anteeksi ylpeyttäni.
Pyytääkö puu anteeksi lehtiään?
Tai puutarhuri anteeksi hyvää satoa?

Pellossani on kypsä vilja.
On sadonkojuun aika.
Vihdoin. Vihdoin on aika.
Kiitos ja ylistys!
Vai onko jo myöhäistä?

Pyydän kuitenkin anteeksi
erehdystäni.
Kirjoitin ystävälle:

"Runous on olennaista,
mutta ei tärkeää."

Sukupolvea ei saa johtaa harhaan.
Asia on päinvastoin.

En osannut eritellä tunteitani
kirjoittaessani:

"Varustaudu tähän: En enää palaa."

Älä selitä.
Paluuta ei ole.
On Tie.

Kun Ystäväni suostuu puhumaan minulle
viinilasinsa äärellä,
vuosisatojen takaa,
puhe on läsnä.

Onko Hän tavoittanut:
mikä on Ikuista?

En voi tämän edessä
hyväksyä hänen vähättelyään:

"Jos kuolemme: ero on lopullinen."

Jään pohtimaan:
Kuinka
kuolematon
voi kuolla

Perhonen on paras lepattavassa lennossa,
minussa jokin väittää.

Haluaisin tutustua Häneen.
Ennen vastaväitteitä.

Kun hän jo asuu minussa.

Kuka minä olen?
Jokin aavistus on käsillä.

Haavimiestä ymmärrän,
kun hän haluaa perhosen.

Ymmärtääkö hän:
Et voi vangita kauneutta?!

Et voi vangita
vapaan linnun kaarta,
elämän siiveniskuja
häkkiin,
kun tahdot puhtaita ja
viattomia nautintoja.

Kun kohtaat siipirikon,
lajista väliä,
tee suoja.

Onhan
asunnossasi ovi
myös ulos:

menköön ja tulkoon.

Tulee kuitenkin
ja kertoo tarinoitaan.

Kesäyö.
Banaliteetti?

Pohjoisen taivaan kuperassa kannessa
tuskin havaittava
reikä

Vanhainkodin kohdalla
pellon laidalla suojatun turan rannalla
ohut kajo:
Sielut pakenevat?

Kuka tarkastaa liput?
Millä valtakirjalla?

Totuuden etsijän pellossa
ei ainuttakaan jyvää.
Ohikiitävän hetken näkyy
parvi siipiä: enkeleitä?!

Aaltoileva värinä. Kaunis.
Variksia!

Heinäkuussa pellon laidalla
haavimies.

Kukkien yllä perhonen.

Näen pahaa unta
valvottuani yön
perhostenkerääjän
valoilla.

Kaasuvalo.
Tuo mieleen historian;
ihan äsken, tässä melkein.

Olen surullinen
kun edes jotakin
tästä ihmisyydestä tiedän.

Kun käännän katseen
juopuneen ystäväni puheista,
näen ikkunasta merisumun pelloilla.
En tarvitse puolustuspuhetta
kun hän sanoo:

"Yksin nukkuvaa
ei voi kuin sääliä."

Kuu hauras.
Lyhdyt riippuvat ilmassa.

Vuodematollani
tuhannet muistot lämmittämässä.

Kun et tunne minua, tiedä:
Teen mitä tahdon lopulla elämääni.

Tai ei nyt ihan.

Rukoilen iltaisin,

saadakseni tietoa, ymmärrystä.

Tiedän että minua odotetaan.
En halua kiirehtiä matkaani.

On vasta puolipäivä.
Etsin paikkaa varjosta mietiskelläkseni.

Älä suotta pyydä anteeksi
jos huoneesi onkin
epäjärjestyksessä:
riittää kun hallitset mielesi.

Ja kun ovesi on avoin.

Harmaahaikara puhelee turalla.
Kuu on mennyt.
Hiivin hiljaa nauhurin kanssa
vangitsemassa ääniä.

Minä rakennan Lintusinfoniaa!

Pensaan takana törmään
naapurini:
oli puhaltelemassa
tyhjään pulloon.

Kun hetken saa tilaa elää rauhassa,
mieli jo kiirehtii pilaamaan kaiken.

Mihin on maailma ryntäämässä!
Sormi yrittää nousta:
Tuossa vauhdissa
ei tule valmista.

Entä itse, mihin
on kiire,
kun herään näin varhain
tuskin nukuttuani
epäilysteni kanssa.

"Runous vaikka puhuukin kieltäymyksen kautta,
ylistää suun kyllyydestä",
luen päiväkirjastani.

Jälleen saan pyytää anteeksi.

Ymmärrän kyllä:
ankaraa on hankkia leipää,
kun maailman ilot
tulevat ilmaiseksi
ja tarjottimella

Etäinen ukkosen kumu jyrähtelee.

Harakka räkättää pensaan suojassa:
Vain yksi poikanen menehtyi
ja sekin itsepäisyyttään.

Vai oliko vain ylpeä,
kaltaiseni,
kun ei suostunut syömään
vankeudessa.

Suunnittelen kahta runoa hänestä,
joka ei halunnut elää kanssani.

Toinen ylistää hänen oikeamielisyyttään.
Toinen pilkkaa vallanhaluista
hänen itsensä tähden.

Annan runot haudankaivajalle.
Hän saa valita pannaanko toinen
vai toinen kiveen.

Turan hammaslääkäri tuli lomalle
ja kielsi puhumasta ammattiasioista.

Hän ihasteli ankkojani.
En tosin itse
voinut lausua yhtään sanaa
juuri ankoista.
Ne kuuluivat ammattiini.

Vieraita tuli lisää.
Viimeksi tulleet puhuivat saksaa

Nämä olivat uutta sukupolvea
Nyt ei kannattanut puhua
vanhoista asioista.

Mies on biologi, vaimo opettaja
Luovat uutta, kasvattavat

Kertoivat kyllä marssivansa
”Vihreän Euroopan alla”.

Minussa on monta hurjaa mielipidettä:
Demonit riitelevät.

Ja tämä yksi
herkkämieli, ei henno sanoa
mitä haluaa,
vaikka joku jo vaatii selvää murhaa

Olisinko kenties ollut
joskus jonkin sulttaanin virassa
tahtomattani
nähden päitä putoavan

Hänen mielensä on valoisa
kuin kesäinen päivä
Ranskan ihanimman laakson,
tai korkealla vuorella
jossakin täältä kaukana:
Kiinassa, Himalajalla,
Kilimanjarolla, ja mitä niitä vielä on
                    joita mieli kiipeillä

Minun on vahdittava
mustien pilvien tuloa,
varottav jotta hän ei astuisi rotkoon
takiani.

JOITAKIN AIKOJA MYÖHEMMIN

Ja kuten myöhemmin kävi ilmi Penelopea ei enää ollut
jos oli ollutkaan;
illuusio oikeudenmukaisuudesta liittyneenä kauneuteen ja uskollisuuteen?

Enää se ei jaksanut kannatella
elämää

Tilalla oli sadomasokistinen feminismi;
                    naaraskäärmeiden metsä täynnä
myrkkyä
joka olisi tappanut jopa
Sokrateen
Penelopen tarina oli eletty
Se oli loppu
Päättynyt
Milloin se täsmälleen tapahtui
sitä Odysseus ei enää muistanut

Unissaan hän näki
käärmeen muuttuvan Ksantipan suussa
kieleksi

Uni oli todellisuutta väkevämmin hänessä
ja huusi olemustaan esille

HAMMURABIN TYTÄR

I EROON

Hän on ihmisen tytär
jos ihminen on poliisi
ja jos poliisi on hän
joka videossa pamputtaa
ja hakkaa ja potkii
ja huutaa: Kuole, koira!
Musta äpärä! Vitun Neekeri! Vietnamilainen!
Somali-Sika! Homo!

Hänet tunnistaa. Hän on ihminen.
Hänen siemenestään tytär on,
ihminen, hänkin.

Hän on minun aurinkoni
ja minä hänen kuunsa

Mukanamme kulkevat
päivä ja yö

Ja me: valaistut
koskaan kohtaamatta
saman taivaan kantta
kuljetamme

Ja kun Jumala on energiaa
jos Jumalaa on

Hänen energiansa on Jumala

Tuhoisa. Etenevä
kuin hirmumyrsky
muodikas kaaos

ottaa hampaan
ja silmän
ja käden
ja vie sydämen

ja ottaa mitä tahtoo
kysymättä

mikä on mieli
kun mielettömänä etenee

ja hän istuu tulessa
ja palelee

Luuletko, uskotko yhä

Hänkö kuuntelisi kun rukoilet
ja anot rakkautta

Ei, mene pois
ja kosta!

Rakkauttani et halua
kun en osannut
mitä nyt osaisin

Ystävyyden torjut

Mitä siis teen olisiko kuolema parempi?

Ei! on synnyttävä uudelleen
odotettava uutta kevättä

Hän on kokonaan omansa

Tulee kun tahtoo
ja kun ei tule
Ei halunnut

Häntäkö odottaisin

Tulkoon ja menköön

Ja olkoon pois minusta

Ja kun Hän nostaa niskaansa
ja nokka tuhisee taivasta kohden

Vihansa täyttää koko tilan
ja tähdet pakenevat

Hänen päiviänsä ei mikään valvo

Eikä ole unta niin yksinäistä

Kuka sinulle on
mitään antanut
mitä annoin

En enää pyydä: Anteeksi

Hänen isänsä sytytti rovion
pistooli ohimolla
ja liekki jäätää tyttären

kun Hän raivoaa
ja tuhlaa

Luoksesi en palaa

Haudallasi huutaa
tyhjä maljakko

Kukkani kuuluvat eläville

Tuuli tulee posket pullistuneina

Ja vihassa

Kaiken se kärsiikin

Dunkerquen rannalta etelään
Atlantti edessä
yötaivas kuun valaisema
nostaa meren helmaa

ja ranta nousee purjelaudan alle

Ajatus sinkoaa satelliitin tähtien sekaan:
New York! San Francisco!

Kuuletteko kun huudan ikävääni
ja olen yksin

Kuuletteko kuinka yksin olen

Kun kuu on muisto ja tuhkaa
meri lähettää terveisensä vihassa

Sinua ei kukaan voi auttaa

Silmistänsä sinkoaa salamoita
kuin Jumalan keihäitä

Näen ne selvästi onhan kirkas päivä

Eikä välillämme matkaa
kuin kaksi tuhatta kilometriä

Ei mikään matka
Hammurabin tyttären tulla ja leimuta

Pakarat puuduksissa
ajan kuin hullu:
on kiire ylittää vuori
ennen Hammurabin armeijaa

Citroën tuntee tien:
kotimaa allaan

Pienen ranskalaisen kyläpahasen
kujan varrella risti ja kärsivä Jeesus

Äkkiä kysyy ääni sisälläni:

"Mitä sinä vielä haluat
kun tänne jo pääsit?"

Rouenin etanat
maistuvat makealta;
nuoruusvuosien liftausmatkan pyhitys

Seine tänään kuin Tuonelan joki
öljyinen

Juhani Harrin kanssa
mielikuvissani kylven
käyn joessa

Äitini rukouksissa
pala ehyttä maailmaa
kiinnittyy minuun

Ehtisinkö vielä ennen kuin

Yksinäisempää kuin ihmisten keskellä
Kokonaisempaa iloa kuin yksinäisyydessä

Omenatkin samassa puussa
erikseen poimitaan

Jos omistat tahdon
luovu ennen kuin se syö sinut

Ja pian loppuu aika jota ei ole kenenkään lasissa
Ja tämä matka joka ei alkanut on tulossa päätökseen

Ei ole aikaa ilman Hammurabin armeijaa
Ei ole rakkautta ilman vihaa ja omistusta

Kun tahdot pois tahdosta taivaan kipinöivään yöhön
Olet vain tahdoton energia Jumalan

Illalla ennen nukkumaanmenoa ristin käteni ja
pyysin Häntä ajattelelemaan myös minua

Oletko meren rannalle
pitkän laineen mukana heittynyt kivi
jota meri hioo päästämättä käsistään

Etkö jo voisi poimia minua
Ottaa talteen ja vastata kun kysyn:
Kuka olen?

Kutsut itseäsi kiveksi
Kun et ymmärrä tilaasi

Sydän sinä olet
Pelkkää sydäntä

Ja sellaisen aika loppuu
Aina ennen kuin mikään kunnolla alkaa

Olisitkin kivestä
Hioisin sinua kuin timanttia

Lapsi kasvoi hänen kohdussaan määrätyn ajan
Istukassa joka pakastettiin ja kätkettiin maakuoppaan
Rakenteille pannun talon alle

Onnen lapsi: Ukko, onnen tuoja, kertooko myös tarinoita
Kun hän kasvaa nyt kun jo syntyi
Ja talo onneen kasvakoon

Kun vielä muistat varjella taloon johtavaa tietä
Jotta Hammurabi ei löytäisi perille

Tänään minun ei olisi pitänyt herätä lainkaan
Ja kun heräsin tähän uneen joka on yhtä todellinen
Myin päiväni synnyn alatorilla muukalaiselle
Ja hän vei sitä mukanaan riemuissaan jakaen kaikille
Ja minä kutistuin olemattomiin itsessäni ja lakkasin olemasta

Näin kuvaan myöhemmin sitä mitä kutsun
Tahdon luovuttamiseksi
Päivänä jona ei olisi pitänyt lainkaan herätä synnyin
Ja nyt kun olen ja tunnistan itseni erottuvaksi tähän todellisuuteen

Ja kun uusi elämä antoi minulle sisältöä
Kuljin ajassa taaksepäin saavuttaakseni eilisen jotta ymmärtäisin
Ja tulin kohtaan jossa oli kirjoitettu luettavaksi:
Erehdys, Väärä valinta, ja näistä johtuvat Seuraamukset
Minun annettiin nähdä

Intohimon palava liekki alkoi kärventää
Kipu oli kokonainen ja täytti minut
Oli sietämätöntä seisoa viimeisellä rannalla ja odottaa
Ja kun en tahtonut kestää valmistauduin hyppyyn

Riemukaaren läheisyydessä parkkeerasin autoni ja nukuin
Kun olin voittanut tämän matkan itsessäni ajattelin kotiinpaluuta
Tutkin karttaa ja historiaa ja valitsin tien jota ei vielä rakennettu
Ja kun olin varma ettei Hammurabi tuntenut tätä mahdollisuutta
Ajoin varmuudeksi kaksi kertaa Pariisin ympäri kehätiellä
Näin eksytin mahdolliset minua seuraavat energiat
Normandiaa päin ja mutkitellen Belgiaan ja Saksaan
Mahdotonta minua olisi löytää kun näin järjettömästi kuljin
Ja korkealla vuorella minun annettiin hetki katsoa maailmaa
Eurooppa oli allani ja minulta kysyttiin
Mitä minä sille aioin tehdä

Olin lähtenyt matkaan pisteestä Y joka muodostui tunteesta
Odysseus neuvoi minua olemaan kuuntelematta
En antanut mainosvalojen houkuttaa valuuttojani
Konjakkia ostin, se minulle sallittiin ja tupakointi
Eurooppa oli edessäni avoimena vailla tullimuodollisuuksia

Le Tocquevillessa minun teki mieleni kuulua rikkaisiin

Ja kylpylässä toivoin itselleni nuoruutta

Vesiliukumäessä ajattelin olevani matkalla uuteen elämään

Olin saavuttanut tietoisuuteni siitä siemenestä jona matkalle lähdin

Nyt kun olen unohtanut kaikki tunteet myös vihan
Ja tunnen vain etäisesti sanoja joilla niitä kuvataan
En enää muistanut Hammurabin sukua ja vapauduin

Mitä minä enää Euroopalla kun Tahitilla ovat lempeät laineet

III PORTUGALIN TALVI

Kun laiva kiinnittyi pollareihin ja Van Korvaton hiipi maihin
Eurooppa jäi ja saavuin satujen saarille
Kyltissä luki: Gedser, olin siis Portugalissa

Tuntui kummalliselta kun huoltoasemalla kaikki näyttivät niin
Skandinaaveilta ja puhuivat kurkussa käsiteltyä ruotsia
Jota melkein osasin ymmärtää maksaessani laskuni

Ainakaan nämä eivät vaikuttaneet vihamielisiltä
Ne valmistivat wienereitä joissa oli paljon kermaa ja sokeria
Jokainen maanviljelijä oli maisema-arkkitehti
Se mistä vakuutuin että tosiaan olin Portugalissa oli näin:
don Quijoten muistomerkkejä oli joka paikassa:
Postmoderneja tuulimyllyjä
Ajattelin että köyhälle se käy tämäkin kun ei ole Tahitia
Paitsi sydämessä jota siis olen

Joko olen puhunut niin kauan että viha on kokonaan poissa?

Tämä aika oli kokonaan täysin huoletonta ja vapaata
Se minua lopulta alkoi kummastuttaa
Huolestuin kun ei ollut minkäänlaisia paineita
Unohdin jopa että oli mahdollisesti ja kenties joskus ollut jossakin
Huolia

Astuessani sinä päivänä ystäväni Hammurabin ravintolaan
Hän kertoi tulleensa kaukaa Pakistanista ja kysyin
Mitä sinä täällä Tahitilla
Eikö Kistanissakin ole kuuma
Hammurabi käski tuoda pöytään kokonaisen lampaan

Karitsan veri valutettiin astiaan jossa istuin

Hammurabi tuli uneeni ja tunsin etten ollut koskaan aikaisemmin
Pyysin hänen tyttärensä suosiota ja
Sain myös talon meren rannalta

Nykyään tuulet Portugalissa ovat lempeitä ja avuksi surffauksessa

Mistä tämä kaikki alkoikaan sitä ei ole enää
Vapautin tahdon palveluksestani ja olen nyt eläkkeellä
Muistelen jos sille päälle satun
Mutta enimmäkseen huvittelen auton ratissa

Toisinaan kiusaan myös nuorempia osaamalla kaiken jo

II KUIN PIENIÄ ASTIOITA JOITA TUULI SOITTAA

ALKUPUHE

1990-luku alkoi jo 1930- tai 1620- tai

Ihmiset, ystävät,
myös te jotka aina ja kaikkialla,
kaikkina aikoina heitätte hiekkaa rattaisiin,
ohjelmoitte tuhoviruksen joka muuttaa kirjoituksen
ja historian:

ystävät, ihmiset,
tulee aika jolloin on arvioitava elämänsä uudelleen, on
aloitettava alusta, ja
hyväksyttävä nuoruuden ehdottomuus järjettömänä
ja hylättävä sydämensä ja
sopeuduttava
järjen aikaan
joka kokoaa, järjestää ja karsii kuin puutarhuri
jonka tarhassa on ainoastaan yksi omenapuu.

Ystävät kuulkaa:
nyt jälleen keskiaikana
sokeat yhä ohjaavat täällä sokeita,
ohjattavia riittää, ja
sukupolvi sukupolven perään tulee uusia
kuin kevään lehtiä
joille ei kerrota edellisten kohtalosta, ja
toistuu syklisen historian karma.

Ja yhteinen alitajunta on lineaarinen muisti
jonka tiedostot kasvavat vauhdilla jota on vaikea käsittää,
eikä ole ketään
jonka tahdon alla toteutuisi kenenkään oikeus
elää omillaan ja itsensä kokoisena,
eikä ketään
joka pystyisi kaikesta kokoamaan
olennaisen ja ohjata suuntaa
joka ei ajelehtisi.

Mordorin suu on auki
ja sen nälkä on loputon kuin maailma,
ja tässä ajassa josta tämä puhe kasvaa
pahoinvointi on jokapäiväinen ikoni
kaikkien kymmenlukujen edessä ja takana,
eikä meistä kukaan tiedä mihin olemme matkalla
ja kaikki perille menevät tiet
on rakennettu suolle.

Ja nyt kun on vain vähän halua nähdä, ja
puuttuu tahto ohjata intohimoista järkeänsä
kun jokainen astia on täynnä itseänsä
ja valuvat
yli reunojensa ja toistensa päälle
ja ovat kuin kellot,
joita ajan suunnaton tuuli soittaa
eivätkä kuule omaa ääntään,
ja tuuli on lopullinen
eikä jäljelle jää muuta.

Ja on kirjoitettu:

"Tuhon enkeli ratsastaa lentävällä hevosella."

Ja on näkyvissä aika kun se tapahtuu,
ja aika on nyt.

Yksi kulttuuri päättyy.

Exodus alkoi,
toteutuu Harmageddon,
ja uusi aika alkaa.
Tässä ei ole mitään dramaattista:
menee ihmisiä, kansoja,
vaivalla rakennettua ja pysyväksi luultua
nyt kun ihmismaailman päänäyttämöllä
Ihmisoikeuksien Julistuksesta
tehdään päivittäin pilkkaa,
sovitaan sodankäynnistä
ja syylliseksi etsitään
köyhimmät jotka istuvat aavikolla öljyn päällä:
riittää syyksi
ja siitä on paljon iloa meille,
jotka istumme autoissamme,
ja asutamme kylmää pohjoista maata.

lloa löytyy myös kun
Uudet Hunnit täyttävät elintarvikevarastonsa
kaikella ylijäämällä
jota Länsi tuottaa luontoa tuhlaten,
ja kylläisyydessänsä jakavat
kun talousmatemaatikot laskivat
kaiken tulevan korkojen kera takaisin, ja
meille jää tämä vähäinen alue pohjoisessa
jonka varastimme Saamen kansalta,
ja voimme nyt nukkua yömme rauhassa
kun hunnit käyttävät kravattia
ja valuuttoja jotka osaavat uida ja kellua.

Annettu apu menee aina oikeaan osoitteeseen,
ja on kuin kaivoon kannettu vesi,
josta tulee kauppatavaraa.
Ja rahapuita kasvaa rahan viereen,
ja ne meistä jotka jäävät,
näkevät uusia ruhtinaita
kun moni entinen on enää kerjäläinen

ja kulkee eetterissä
vailla vaatteita.

Hän näkee tämän kaiken selvästi nyt
kun ympärillään on lapsia sielut tulessa,
ja jo tuolla energialla voisi lämmittää
kokonaisen maanosan,
ja kyllä he lämmittävätkin,
Mordorin lapset joita kukaan ei ohjaa;

ja moni tuomari saa ansaita heillä leipänsä
ja moni talo ja auto ja kesämökki
rakennetaan hylättyjen lasten sieluista
ja monet vaalit vielä pidetään
ja valituille järjestyy aina aurinkotuoli,
sillä kaikki on aina hyvin ja
vaikka se ei myy sitä ostetaan lahjuksin.

Ja lopulta,
alkupuheen alun lopuksi,
hän ilmoittaa ainoan kantansa tässä ja nyt:
"Ihmiskokeilu epäonnistui."

Ja:

"Jumala on väärässä
kun antoi Ainokaisen Poikansa
tämän maailman edestä."

Kaksi tuhatta vuotta on kulunut;
kello on kymmentä vailla.

On nähty tuhat ja yksi yötä,
on koettu kaikki kauhujen leikit,
harjoitettu armeijoita uusiin,
kuvattu Apocalypse.

Ja nyt tulee Grande Finale:

viileältä tuntuu erämaan hiekka,
varjossa plus viiskytviis celsiusta,

Mordorin liekkien sulatossa.

Ja ihmiset
kuin pieniä astioita,
joita maailman tuuli soittaa.

Ja kun astiat on käytetty,
käännetty nurin,
tuuli soittanut codansa,

ei ole suremassa ketään,
ei kukaan kaipaamassa.

Ja karkotetut paratiisin lapset,
lajeista julmin kuin kuvansa Jumala,
jää yksin autioon maahan hiekkaa suussaan
juomaan öljyään, ja maailman tuuli
jonka alkua ei tunneta, eikä tiedetä
mihin tuuli päättyy,
pyyhkii pois pahan
kuin avaruudesta ojennettu pölynimuri,

ja lopulta, ei enää kovin monen sukupolven ylitse,
kun lapset lakkaavat synnyttämästä tuhlattuun maahan,

tulevat tähtien siirtokunnat
äärellisen avaruuden moniin huoneisiin,
joissa jumalat, Homo ludens,
jo leikkivät uusilla ideoilla.

Yksityisen sielunmaisemani
pidän itse, edellinen oli yleistä
ja kerrottu heille,
joilta puuttuu rohkeus nähdä.

Liittyen jumalten seuraan,
seuraavassa kerron kauneudesta,
jonka osana elän.

KAUNEUDESTA

Varhainen ystäväni
Po Chü-i
korottaa äänensä ja
laulaa:

Yö sydännä tulee,
aamun sarastaessa lähtee,
tulee niin kuin keväinen uni,
viipyy hetken, hetken,
menee niin kuin aamun pilvi, etsimättömiin.

Vyöttäydyn kupeellesi.
Ja jos yhä olet pilven kaltainen,
tulen kanssasi viipymättä,
etsijöistäni välittämättä.

Aamun tuuli tuli lahdelta ja
soitti matalia jousia;
minut herätettyään
opetti jo huilun ääntä.

Iloisena vastasin Pan-kutsuun
ja tanssin kuin hullu
keveiden keijujen kanssa
myöhäiseen iltaan.

Kuljen unissani
lineaarisen alitajunnan tiedostoissa;
                    eideetinen matka,
hallusinogeenina ilma jota hengitän.

Ja kun suljen silmäni,
mitkään valaistukset
eivät pidättele untani
kun matkustan ajassa
                    tahdonmukaisesti,
rahattomana ja passitta
kaikkiin puutarhoihin
joitten ovilla vartijat nukkuvat.

Mestari on hän
joka ei taitoaan näytä
kun oppilas erehtyy, ja
sanoo:

*"Minäkin opin
erehdyksistä."*

Ja yhdessä tehden
hän ohjaa oppilastaan näkemään,
miten on oikein.

Totuus, Kauneus, Hyvyys:
kolme ikkunaa tarkastella maailmaa.

Entä kun ikkunat on lyöty rikki!

Ja näkee miten on kauhea maailman ilo, monisyinen:
kuin tarujen seitsenpäinen lohikäärme,
joka ahmi aikaa ja tilaa elämältä
kuin rutto, aids, eri aikojen virukset,
eikä kykyä vaikuttaa muuhun
kuin kuvitella, luoda kauneutta,
uskoa sen avulla syntyvään elämään.

Runoudellako tehtävä!

Ei muuta tehtävää kuin kielen elämä
pelastaa runoilija valheesta.

Jos muuta halutaan,
onko parempaa
kuin on fyysikolla,
jonka tehtävää on järjestää
puutarhaa tähtien
ja mielen maata lisäten

avata uutta maailmaa.

Yön muisto tallentuu alitajuntaan,
sanattomat kuvat kun aika on musiikkia
ja tilakokemus ylittää ympäröivän hetken.

Syksyn äänet meren rannattomassa avaruudessa
ja kuu läsnä äärellisen avaruuden sylissä.

Jossakin kaukana katsoo kuuta toinen yksinäinen.

Kuun kasvot marrasyössä
ja tihkuvat minuutit hiljaisuudessa.

Avaruuden huone
on valaistu rakennus;
peilejä silmänkantamattomiin;

ikkunat avoinna
maailman tulla ja mennä.

Tulisitko kanssani
jakamaan kaiken kokemuksen.

Aamun koitossa
vapisee varhainen lintu
lumisella oksalla.

Lahden jää ohutta;
hautaa peittää pettävä peili.

Muutosta myöhästynyt
syöksyy sokeaan kuvaansa.

Aamu nousee.
Ikkunastani katsoen
katoavat tähdet.

Ystävä lohduttaa ikävässäni:
päivän mentyä ne palaavat.

Ilta on kapea ovi raollaan.
Todellisuuden reunan kipukynnys
varoittaa ja samalla kutsuu tuntemattomaan.

Hypätäkö?

Hyväksyen kutsun vaarat
hän astuu yli kynnyksen
löytääkseen mahdollisuuksien maan.

Ruumiini on temppeli,
ja kellarissa ulvoo susi.
Jos nukun,
susi on vapaa kulkemaan.
Valvon kaiket yöt,
valot palaen:
nähdäkseni
ja tullakseni nähdyksi.

Häntä pidetään hulluna.

Terveitä ovat ne,
jotka kulkevat päivin suden vaatteissa
ja yöt nukkuvat
viattoman enkelin unta.

Keskipäivän muistoissa
onnellinen lapsuus.
Mihin katosivat kasvun kivut?

Kerran eräässä taidenäyttelyssä,
missä oli maalauksia, musiikkia ja
runoja, tuli eräs vakava henkilö kokemaan
ja vastaanottamaan taidenautinnon.
Hän ei nähnyt eikä kuullut mitään.

Ja hän ilmoitti tilansa.

Sade on kuin sieni
imenyt itseensä myrkytetyn tajunnan
jota ei voi juoda.

Lopun raunioilla tuhkaa.
Fenix-lintu leikkii;
ei alkua, ei loppua.

Jokainen on tämänsä rannalla
tahtoen pois maahan
ei minnekään.

Pellon pientareella perhosen leikki,
lepattava.
Televisiossa ohjelma kaaoksesta.
Mustalintu varis raakkuu kuusen latvassa:
pelkään jo sen lentoonlähtöä.

AMOK, EUROOPPA

1. D-JUNASSA

Kuljen Epätoivon katua asemalta länteen,
tupakkannatsa sinkoaa silmiini
kuin ilotulitusraketti vailla iloa,
paratiisin lapset kadunvierillä ryysyissänsä,
kurkunleikkaaja kulkee perässä
ja rahastaa: jokaisen on maksettava
täysi hinta laittoman elämän uniharha-jumalasta,
tai menee henki; iltapäivälehden lööppi kirkuu
ruhjotun ruumiin kauppaa: mies naama murskattuna
kun jätti maksamatta, ja on nyt matkalla paratiisiin,
jota ei ole.
Jalkakäytäväkujaa juosten ikkunasta välähtää
Halal shlagterin ikkunassa rituaalinen teuras, vain ihmisille enää
suodaan sähköhoitoa. Ja Istedgade on myrkkyä täynnä.

Banderolli BZ-ttareiden
ja vaihtoehtoväen
talonseinällä huutaa apua:

NARKOMAANIT POIS VESTERBROSTA!

Olen saarella joka on toista maata
vaikka on vain saari.

VAPAUDEN HARHASTA ON MAKSETTAVA VERINEN VERO.

Harha-aistimusten negatiivi
on kuin laatikkoon unohtunut filminpätkä;
luovuin kuvista joitten kemikaalit
eivät ketään auta ja sysäävät kiertoon
saastaa josta teollisuus rahastaa ja
jokainen raha on pala maata altamme.

Kadunvarren Islam-kioskeissa myydään tupakkaa;
ohitan ja kadunylitys pakottaa näkemään
mitä tapahtuu todella kun taksi on ajaa päälle;
kuljen nikottelevassa D-junassa ja loikin yli kadun
taksia väistellen ja varoen pitkää mustaa heroinistia,
Tuomion Porttivahtia,
joka ottaa piittaamatta kadulla kaiken,
minkä saa lamaantuneitten taskuista nyhdettyä.

Ja kun tällä erää Epätoivon Katu päätyi puistoon,
jossa odotetaan viimeistä pilettiä helvettiin ja
Ilmestyskirjan rupiset pilviolennot
pitävät mekkalaa olutpöhnässään,
olin jo lähes voittanut jokapäiväisen
kujanjuoksuni Amokin.

Heitin koko soikon likapyykkiä Montvaskiin
ja se jauhoi 20 kruunulla kolmivarttisen ja pesi kaiken.

Mieli lumenvalkoisena
odotin iltaa tummuvaa kolmen lukon
turvallisessa taskussa. ja kun avasin radion,
lauloi Dylan "Sad-Eyed Lady of the Lowlands".

Ja minä tiesin lopullisesti astuneeni D-junaan:
elämä oli pahasti myöhässä.

Kuskusin ja lampaansyönnin jälkeen
istun tupakalla ja tarpeillani
ja ajattelen Kaiken Luojaa, ja
paskoessani talon viidennen kerroksen
korkeudelta ja vetäessäni jätökseni
WC-pöntön nieluun minuun iskee nauru:

Ihminen on Jumalan kuva.
Ja ihminen järjestää kaaoksen.

Halu muovata systeemi, sanoo Nietzsche,
on epärehellisyyttä.
Mitä jos minäkin matkustaisin täältä
Torinoon ja kuolisin hulluna,
jota historia arvottaa.

Onneksi ei tarvitse, hullu
olen omalla tavallani jo täällä
ja tässä ja nyt, Jumalan ruumiissa,

todistaa Ystävä.

Oivaltava mieleni elää spontaanin hetken,
ja tietoisuus olemassaolon traagisesta merkityksestä
päättyy tämän kulttuuri mukana:

seuraavien sukupolvien elämä on
käänteinen ja sen mieli
Ilo ja Uusi Aika.

Ilon tieteellinen nimi kirjoitetaan:

elektronien neutrino.

Elämää
neutrinojen näkymättömässä alkumeressä
jossa kaikkeus kelluu.
"Ominaisuuksiltaan neutrinot ovat häviämättömiä,
alkamattomia ja päättymättömiä,
eikä sellaista saa kiinni:"

Spontaani muuttuja,
kuin elämäntapani: taide.

Voiko olla vastuussa mistään
tällä kuoleman planeetalla?

2. ELÄN EUROOPAN AIKAA

I

Olen Euroopassa,
katson Kööpenhaminan kevättä
ja tulen maasta joka on
Suomi, synnyinmaa.

Se on maa jonka virkaholhousbyrokratia
on ylivertainen, se on isäni veren maa,
äitini kohtu, jonka osaton kansa
kirottiin Euroopan pussinperäksi,
ja ne opettavat siellä
feodaaliseen asuntomuuriin kytketyille
tapoja joitten luultiin jo menneen:
kannustetaan ilmiantajia, vasikointia,
veljen myymistä yrttikasvin käytöstä,
ja kun ne antavat äitinsäkin, ne sanovat selitykseksi:
– Tämä on vain meidän työtämme.
Fasismi maksaa yhä kuukausipalkkaa,
ei se minnekään kadonnut.

II

Ajan kello sulaa
taulussaan tuhannet vuodet hirveää historiaa.
Ennustajaeukot varoittavat vedenpaisumuksesta
joka on tuleva: se voi tulla jo
1992 kun otsonikerrokset puhkeavat
napajäätiköitten yllä ja jäät
sulavat ja meri nousee, taas ajan
kello lyö
ja moni hätääntynyt hukkuu
kun eivät uskoneet.

Elän Euroopassa kun kirjoitetaan
vuosi 1990: vanhat vaakunat hajoavat
kun historian keinotekoiset rakenteet
puretaan, kuten Berliinin muuri
täynnä rautasaappaan alla syntyneitä
pieniä tukahduttavia ajatuksia.

Muurit kätkevät kirjoitusta ja puhetta
joissa on sydämen ääni;
ainut kello jota kuunnella,
ja sitäkään, sen lyöntejä
ei voi pettää loputtomiin.

Ja padot murtuvat
vapauden edessä,
ja köyhyyden saastuttamissa maissa
tai rikkaissa, jotka ostavat köyhiä,
ei ole muuta iloittavaa kuin sen näkeminen
että kaikki käy nyt ilman aseita,
kun nekin ovat käyneet mahdottomiksi.

Ja kenraalit,
ja ne jotka pystyttivät
historian roskakorit ajallemme nähtäviksi,
tunkeakseen miljoonat ihmiset
pohjattomiin epätoivon kuiluihin
uusioitaviksi aatteissa jotka ovat kahleita,
ovat syystä ymmällään ja turhautuneita
kun valitsivat ammatin joka ei enää päde.

Ja nyt kun uusi aika asettaa miljoonat kukat
tykinpiippujen maljakoihin,
ja luodit sulavat kuin kellot,
nyt auroiksi joilla ei enää tehdä
veritöitä; Euroopan onni,
pelilaudan status quo.

Kauhistukaa nyt kaikki te,
jotka estitte eri tavoin minua näkemästä,
kun vielä kykenette tunteisiin:

minä rakennan luostaria
ympärilleni
kauneuden tulla esiin.

III

Ja luodaan puhdas maa
            joka ei ole tästä ajasta
ja on aineeton kuin sielu,
josta kasvaa ja laajenee;
eikä sen jäsenyys edellytä
kuin tilaa mietiskellä
ja aikaa jota ei mitata
kelloilla:

olla jouten eikä ryhtyä mihinkään.

Tämän todellisuuden edessä,
teidän edestänne,
vaadin yhdenvertaisuutta jokaiselle
toteuttaa tahtoaan vapaana.

Ja tämän sanon ärtyneenä
enkä tarkoita sinua.

Ja kun lopulta maailma
sellaisena kuin se oli näyttäytynyt,
tuli unessa todellisena,
olin halukas ja valmis.

Minussa oli astian maku.
Minusta sitä ei koskaan saatu pois sellaisena
kuin minut tunnettiin.

28 OMENAA
MIELIKUVAINSTALLAATIOITA

(1991)

1. OMENA

Aamulla en avaa silmiäni herättyäni

2. OMENA

Luomet kuin screeni jolta katsoa kuviaan

3. OMENA

Päivä lähtee kiihtyvään vauhtiin matkalle

4. OMENA

Ja olen paikallani liikkumatta ja pois tästä ja nyt

5. OMENA

Alfa-aaltojen iloiset kuvat mukanani nousen

6. OMENA

Mantra joka kuljettaa
onnellista karmaa pois vaaroista

Elämänkestoinen hetki ikuisuudessa
jokainen aamu

8. OMENA 214

Päivä juosten viheriäisillä niityillä

9. OMENA

Polkupyörän päivämatka paahtavassa helteessä

Meren suolainen syli
kukkiaan kannatellen keinun mukana

11. OMENA

En kenenkään herra ellen kärpästen ja matojen

12. OMENA

Sinä voit asua kanssani
jokainen hetki mansikkasuu

13. OMENA

Soitat kitaraa ja annat minulle äänien tien

14. OMENA

Valoaalto nousee ylitse kattojen kun kuu katsoo

15. OMENA

Kissojen kesä hellii pesuettaan jonka syksy saa

16. OMENA

Vaalea kuulas kantaa mustaa lasta
ylitse laakean pihan

17. OMENA

Jonkinlainen masennus syömällä
josta alkaa päästä

18. OMENA

Odotan eilisen huoneen
avaavan ovensa muistilleni

19. OMENA

Tanskassa tulee pyörässä olla etuvalo
ja takavalo

20. OMENA

Hankin valojen väliin pyörän ja peräkärryn
kun rikastun

21. OMENA

Kun kuu tulee kanssani vuoteeseen

22. OMENA

Varastettu

23. OMENA

Kun ei sitä vielä ymmärrä kieltä
ja kuuntelee musiikkia

24. OMENA

Nämä kukat kukkivat tämän kesän
ja tulee syksy lämmin

25. OMENA

Meren rannalla asuu ankkaperhe
ja joutsenet ympäri vuoden

26. OMENA

Rantakahvilassa Syltenissä juovat kaljaa
ja syövät bokwurstia

27. OMENA

Olin helluntain itseni kanssa
ja nyt olen sen heila

28. OMENA

Talven aion elää nähdäkseni kesän tulon lumetta

AJAN KUVIA

(1999)

Kuulin mieleni eteiseen kutsun:
huomisen huoneet odottavat.

Et tarvitse kiirehtimisen tietoa.

Kuuntele, lue, lainaa ja varasta;
älä puutu toisen omaan:
sanat, maailman yhteinen omaisuus.

Ideat vapaina kulkevat
yhteisen tajunnan virrassa.

Luo uusi maailma.

Luo aina kun vanha ryskää
haudoillansa.

Soutaja istuu veneessään
puun latvassa
ja kannattaa taivasta.

Maailmassa
ei ole
totuutta
on kuvitteellisia totuuksia,
mielikuvia
jotka rakentuvat ilmaan,
tämä on totta, ja
näin on sinun elettävä
itsesi kanssa kaiken jakaen.

Tämän varassa
monen joutilaan elämä,
enkä tiedä paremmasta.

Elin maan alla, metrossa
ennen metroa
ennen skandaalia,
ennen ensimmäistä lapioniskua.

Maan alla ja päällä,
sivullisena,
sosiaalisena henkipattona

elin ilman kutsumusta
irtolaisholhottuna
"Ei taiteilija ole ammatti"

en viihtynyt yhteiskunnassa
johon minua ei oltu kutsuttu
jossa oli paha nukkua
valheiden keskellä:

olin vieras, muukalainen
maan alta ja toisesta ajasta
jota ei vielä ole luotu;

ja nyt kun
tuota aikaa ei enää ole,
se jäi

mieli ei rakentanut
täsmällistä kuvaa siitä
mitä se voisi olla:

elän täällä
Jumalan kanssa
on yksinäistä
kun ei ole ketään jonka kanssa
jakaisi luomattoman tyhjyyden.

Itikat ihollani
lehtipuumetsässä
kun vihreä pakenee
ja tuuli ei tartu lauluun
hauen suussa
kun se kiipeää puuhun.

Veri virtaa
ja linnut lentävät syödäkseen
ja ehtiäkseen Pohjoisen Valon pesintään.

Lumpeenkukat nyhjöttävät
lahdenpohjassa
kaukaa katsoen kuin
valkeat linnut kylmään käpertyneinä.

Mielen kuva, keskikesän uni,
joka odottaa syksyä
ja pelkää vanhenemista
kun kaikki hidastuu paitsi päässä.

Erilaiset vaivat valtaavat alaa, eikä mikään maistu oikealta.

Lapset hyppäävät laiturilta veteen,
olkapääni yli
kurkistava kuolema
elämän ohuen kalvon takaa
näkymättömissä ei häiritse heitä;

kesän riemut
heinänniiton jälkeen;
vesileikkejä, mehua ja mansikoita,
Mustaa Maijaa ja maitokaakaota.

Kesät vähenevät,
kuka niitä vähentää

ketään ei ole tavattu
itse teossa.

Saunaan mennessä riisun ihokkaani,
iho ottaa vastaan puhdistavan kylvyn;
mieli virkistyy kun huolehdin kehostani.

Järven vesi on pehmeää ja
kuvittelen kuinka kohdussa on lämmin.

Sukuni on raivaajakansaa,
edestä käynyttä,
eteen menevää, toisen puolesta antavaa;
yksi oli silmänkääntäjä, toinen hengenmies,
patriarkka, kreikkalainen,
ja paljon viljelijöitä Saimaan sokkeloisilta saarilta,
Karjalan kannakselta Suomeen;
kyläräätäli oli isoisäni,
jonka pojanpojanpoika on nyt
satelliitti-insinööri
ja rakentaa tulevaisuuden huoneita
turvallisuuteen.

Tämä hyvittävin minäni, sähköasentaja-isäni
poika; oikosulku ja
palanut sulake sukupolvien välissä,
flyygelimies, on suurin kaikista
mielikuvissaan: hänen tahtonsa
oli yhdistää Idän ja Lännen filosofiat,
tehdä sovinto Kainin ja Abelin välille;
teologisesti mahdoton ajatus, mutta kun hän ei ole
teologi: älkää antako hänelle anteeksi
sillä hän tietää mitä on tekemässä.

Voisinhan minä
sinulle suoda
hetkiä
elämästäni.

Löytää käärmeen kieli
kaivaa myrkky
ja hymyillä
kun puret

Tunnistaa runous
Valaistua

Paluuta ei ole,
elämä ei viivy menneessä päivässä
ja muisti on petollinen
kuin myrkytetty kaivo,
tai päiväunien kaltainen ja keveä
täynnä tahtoa murtavia valheita;
kidutusta

Uskoen elämän kaipuuseen
jätä kaikki mitä on takanasi
ja seuraa minua: tätä hetkeä

Jaa minua, iloitse, nauti,
juo pääsi täyteen,
ja rakasta paljon
niin kuin vastasyntynyt
jokaisen nännin nähdessään
Uneksi, lennä huomisen huoneisiin.

Matkalla on monia,
jotka hoivaavat ruumistasi;
lepää, nauti,
lemmiskele.

Sielusi on sinun, yksin
niin kuin olet yksin maailmassa,
ja kun olet valmis kun astiasi on täysi,
yhtyvät sielut olevaisuuteen
missä kenenkään ei tarvitse tuntea
yksinäisyyttä tai kaipausta
eikä kukaan ole
menetetty.

Tänään menen kevään portista
ja näen keijujen lämpimät olohuoneet,
puut, jotka valmistautuvat vihreään.

Tuuli keinuttaa niitä, sydämeni
on keveä kun tiedän: siellä asuu ystävä,
hänkin keiju omassa olohuoneessaan.

Istumme pian raparperin alla
ja tuoksumme hyvälle:
puutarhalle, omenankukille, marjoille.

Kun sinä jälleen tulet, istumme vierekkäin
ja pari sanaa muuttaa puheemme kukiksi,
ystävyytemme loistaa kilpaa
yön tähtien kanssa.

Kaupunki on kovettanut sydämensä.
Raju väsymys painaa katuja,
minun on parasta mennä olohuoneeseen oluelle,
tapamaan hyviä ihmisiä, joissa asuu ilo.

Kotirannan kaislat suhisevat unta.
Unessa on kotimaani. Hetken vielä
olen valveilla, etsin itselleni siivet;
olen matkalla yön läpi,
viimeisellä rannalla tahtoisin vielä koskettaa sinua.

Ei vielä kukkaa.
Ei lehden lehteä puissa.

Kaislikko, meren jäätynyt parta;
kevät sulattaa niin kuin
sulatit minut.

Viivy vielä hetki sydämessäni.

Iltapäivä alkaa kaunistua,
iloinen puheensorina
täyttää kapakan pöydät;
täällä puhutaan kielillä.

Miksi yhä
niin paljon ajattelen sinua.

Ehkä tämä on matka,
valmistautumista;
joskus jossakin
jokin rakkaus
onnistuisi.

Kevään ensi huilut
lauloivat puissa
ja lohduttivat
petetyn sydäntä.

Nyt kun olen
kirjoittanut pois
tämän tuskan
ilosta syntyneen rakkauden
odotan uutta.

Tiedän ja näen:
se tulee
yhä rajumpana
ja haastaa kuin kuolema:
öisin variksen puvussa
noutajat istuvat
vuoteeni päädyssä
äänettöminä
ja puhuvat.

Odottavat. Ja puhuvat.
Saammeko näyttää tietä.
Meillä on aikaa odottaa.
Valmistaudu kunnolla; olet kyvykäs,
siitä vielä lapsi: Iltatähti.

Vaikka ne eivät sano mitään,
ne puhuvat.
Ja minä kuulen.

Kasvojesi ilossa
olen onnellinen
eletyistä hetkistä;
sinun silmiesi kukkasissa
olen mehiläinen
ja hunajasi
on makeeta ja saa toivomaan
ettei sydämen kesä päättyisi.

Aamuyöllä heräsin kohtusi huutoon:
– Tarvitsen siementä!
Ristin käteni ja pyysin Häneltä lupaa
täyttää pyyntösi
että sen muisto jäisi kasvamaan sinuun.

Keinuimme kuin valaat syvällä meressä
suurten tunteitten ja verenkierron kohinassa.

Olisiko syvintä onnea
tuottaa onnellisuutta
rakastetuillensa.

Kuka tässä voi onnistua, miten, en tiedä.

Kun minulle jäi vähän aikaa
lueskelin mitä olin kirjoittanut
ajatellakseni.

Räjähdin nauruun kun luin meistä
valaina.

Keiju sinä olet. Meressä huojuva heinä.
Merenneito joka ui joskus niin lujaa
että tuntuu kuin menisit tavoittamattomiin.

Kun puhuin valaista
tarkoitan mielikuvalla suuria energioita:
ne keinuttivat meitä
niin kuin kosminen energia
keinuttaa tähtiä avaruuden sylissä
joka on äärellinen ja samalla loputon.

Kun ajattelen rakkauttani
tahtoisin sen kasvavan jokaiseen ääreen.
Mikäpä minua estää
kun oikein tahdon.

Tahdonko, aika näyttää.
Kun nyt uskaltaisin soittaa sinulle,
tai koputtaa ovellasi.

Miten vähäisiä asioita,
ja samalla kauniita,
miten paljon väärinymmärrystä.

Teevesi kiehuu, olen itkuni itkenyt.
Mietin elämääni silti: olisiko jo
vuoropuhelun aika ettei menisi ystävyyskin.

Syöttäisitkö minuakin
kun nyt muutun linnuksi
ja pyrähdän lakallesi laulamaan

Lokakuun runot

(1992)

I TUHO KOHTAA TULEVAISUUDEN

Aivojeni myrskykeskuksen
valokaapeli ja kosminen computer
viestivät kosmisen säteilyn:
olen keskus hajoamaisillani.

Olen koneiden magneetti;
läheisyydessäni
kaikki ohjelmat sekoittuvat
ja tajunnassa virtaa
maailmojen meri
johon moni hukkuu.

Äiti maa myllertää vihassa
tätä ihmiskuntaa kohtaan
joka piittaamatta tuhoaa kaiken.

Luonnonmullistuksia,
itsetuhoa, kun
kaikki voisi olla niin toisin,
ja puutarha ympärillämme
enemmän kuin pankkien ja
pörssikeinottelijoitten
keinotodellisuus
josta ei pääsyä minnekään.

Olen viimeisellä rannalla,
moni on, ja pidän oikeutettuna
luonnon opetusta ihmiskuntaa kohtaan.

Unessa sateen pisarat kiitävät
valonnopeudella
ja kohdatessaan materian
muuttuvat kiviksi
jotka satavat jo
lastenikin niskaan
pahuuteni tähden:
tämä on metafora:
          ihmiskunnan pahuuden.

Henkilökohtainen riippuvuuteni
ihmissuhteiden onnesta
seurausvaikutuksiltaan
kyseenalaista:
          kestääkö sydän
kestäköön aikansa
ja kun aika,
mitattuna kaikkeudessa on olematon suure,
olkoon teko ajatuksen kuva
ja ajatus
lähtöisin opitun rakkauden
uusista sovellutuksista.

Olen viimeisellä rannalla
ennen ensimmäistä
ja päässäni on liian paljon
ajatuksia ja tunteita
joita vioittuneen ohjelmiston
ja virusten sekamelskassa
on mahdoton käsitellä.

Yhteys ytimeen ja
energiaan
säteilee kosmisen näyn:

tämä maa, maailma ympärillä
voidaan pelastaa.

Kenelle?
Siitä haluan vastauksia.

Harmageddon tajunnassa.
Vanha aika päättyy
väistämätön.

Kenen on uusi aika?

II HYVÄSTI KAIKKI MUU

Nyt kun olen matkalla vuorille
minua ei pysäytä mikään
paitsi kuolema, ja sekin on matka
ajattomuudessa uuteen syntymään
lineaarisen ajan kalvolla
historian hämärään menneeseen
tai kirkkauteen joka on edessä.

Peitän kaikki jäljet seuraajiltani,
koska uniikkia ei voi jäljitellä.
Oloni on helpottunut tietoisuus;
olen antanut pois kaiken rakkauden
mikä annettu minulle oli.
Olen jakanut leivän, jakanut
pääsiäismunat kellojen soidessa,
syöttänyt rakkauden kädestäni hänen suuhunsa.

Eikä rakkaudella ole hintaa
ja sitä on mahdoton arvioida pörssissä
toisin kuin välttämättömien kulujen
joita ei korvata
kun työ tehdään rakkaudesta.

Ilon jälkeinen suru on
sumuinen maisema
jossa eideettinen kuva kääriytyy
verhoon ja katoaa:
menetän hänet ja itken hetken ikävääni.

On luopumisen aika, mikä on:
tulossa jotakin, mistä
vasta aavistus kurkottuu mieleen
ja täyttää tyhjenneen astian,
josta ammensin henkeni kaupalla.

Rakastan ystäviäni
jotka unessa valveilla näkyjäni nähden
valvovat etujani
ja kaivavat hiotun puukon terällä
lihaksia irti selästäni
jotta en jäykkenisi
sitä mukaa kun ikä lisää
ominaispainoani, ja ne
jotka olivat mitättömiä
ovat yhä merkityksettömämpiä,
mitä sanaa ei saisi käyttää
runoudessa sen rujouden kuvana.
Süs merkitys kaikella, enkä
enää koskaan tahdo arvottaa
yhtään ketään;
kun näen kaaoksen järjestyksen kauneuden,
haluaisin antaa sen vapauden myös
sinulle mutta en voi:
se on hankittava itse
ajatellen
tai eläen sellainen elämä.

Ja nyt kun jäljellä on
vielä tämä matka

maisemassa jossa ei näy
entisiä jalanjälkiä
nautin ulkopuolisen vapaudesta
nähdä, säälin.

Tunnen jo kohtaloni
enkä enää huolestu mistään.
Vuoret odottavat
ja minä niitä.

Vapaa katse
vapaus katseen objekteista
ja koska en puutu mihinkään
saan energiaa
minuun kohdistuvasta vihasta
kun moni on ymmällään
kun haluaa kuria ja järjestystä.

Keskinkertaiset elävät
varjossakin varjon valosta,
koska mitään omaa ei ole;
vain varastettua.
Ja hautovat kostoa
ja panettelevat
ja levittävät
pahansuopia valheita
kun kyky omaan puuttuu;

minä en tarvitse tulkitsijoita.

Pilvet kulkevat täältä
                    kaakkoon
ja kertovat totuuden hänelle
jota ainoana rakastan
niin kuin mies rakastaa naista
jonka kanssa haluaa jatkaa maailmaa
vapaana kuolemaan saakka
ja sen jälkeen kirkkaudessa.

Te olette käyneet minulle tarpeettomiksi:

kylmät sydämet järjestöhuoneissa.
Voikaa hyvin.
Hyvästi.
En enää osallistu
keskinkertaisten pitoihin.
Hyvästi kaikki muu.
”En ole jäsen.”

III ODOTAN UUTTA

Nyt kun olen
kirjoittanut pois
tämän tuskan
ilosta syntyneen rakkauden
odotan uutta.

Tiedän: se tulee
yhä rajumpana
ja haastaa kuin kuolema.

Ja kun jälleen palaan
voittajana
ovat veteen heitetyn kiven renkaat
poissa; valaistunut.